税理士の
失敗事例
から学ぶ

相続土地評価のポイント

佐藤 和基 著

同友館

はじめに

私は平成26年1月に税理士として開業しましたが、会社の顧問先は0件です。

厳密には開業前に1社と開業直後に1社の計2社は断り切れずに顧問を受けたことがありましたが、会計をメインにしていない私では迷惑がかかるため、他の税理士を紹介するなどして解約し0件となりました。

個人の確定申告も基本的には受けていません（不動産の譲渡所得など単発の資産税はたまに受けることがある程度です）。

この話をすると驚く人がたくさんいます。

同業の相続税専門の税理士からも「固定収入ゼロでよくやるなぁ」といわれます。

しかし、私は信念をもって仕事をしたいと思って開業しました。

最初は固定収入がない中で単発の相続税申告と完全成功報酬で入金までに半年以上もか

かる相続税還付の仕事だけでは資金繰りに苦戦しました。

会社の顧問の話が来た時に「本当に断っても良いのだろうか?」とか「最低限の生活費を確保するくらいは顧問を受けた方が良いのではないだろうか?」と葛藤したことがないといえば嘘になります。

それでも私は相続税専門の税理士にこだわり、他の仕事は他の税理士に紹介するなどしてお断りしました。

私の専門分野は相続税ですが、特に力を入れているのが相続税還付になります。

相続税還付の分野で日本一になりたいという気持ちもあります。

平成27年1月には一般社団法人相続財産再鑑定協会を設立し相続財産再鑑定（相続税還付）を世の中に広げる活動に力を入れています。

おそらく他の税理士からは私は面白くない存在でしょう。

ご自身の作成した申告書を見直しされて、間違いを指摘され税務署に還付請求をされるのですから当然です。

私も他の税理士から面白くない存在だと思われていると自覚しています。

しかし、私は誰の味方になるべきなのか?

税理士の味方なのか?それとも納税者の味方なのか?

私の中での答えは決まっています。

納税者の味方です。

私は「損をさせない申告」を信念に税理士の仕事をしています。

最初に就職した税理士法人が相続税専門のところでした。

おそらく税理士であれば知らない人はいないと思います。

そこで、相続税の基本を学ぶとともに相続税還付の仕事も担当させていただきました。

初めて相続税還付の仕事を担当した時は、まだ22歳で税理士試験の受験生でした。（簿記論、財務諸表論、相続税法、消費税の4科目でラスト1科目は法人税法を受験）

当時の私はまだ税理士ではありませんでしたし、税理士が申告書を作成しているのに、還付になるケースがあるとはとても思えませんでした。

しかし、実際に相続税の申告書を見直ししてみると予想以上に酷いものでした。

当時勤めていた税理士法人では申告書の精度を高いものにするため、チェック体制がしっかりしていました。

土地の評価をする際には現地調査、役所調査をするのは当たり前でしたし、上司にチェックに回す際にはチェックリストを作成していました。

このチェックリストを作成するだけでも1時間近くかかるものでしたので、かなりの手間だと感じましたが、そこまでするからこそミスの少ない精度の高い申告書が作成できるのだと実感しています。

このような環境で仕事をしていたため、他の精度の低い申告書を見直しした時は「こんないい加減な申告書を作成していても税理士の資格を持っているのか」と信じられない気持ちでした。

私の中で、納め過ぎてしまった税金は1円でも多く取り戻したいと思うようになりました。

その後、一度転職して会社の顧問や確定申告の業務も経験しましたが、やはり相続税専門で仕事をしたいと思い、開業後は相続税専門で活動することにしました。

私は争いや人から嫌われるようなことをするのが苦手なので「相続税還付専門」で活動をするのか少し迷いはありましたが、それでも納税者の味方で「損をさせない申告」を信念に仕事をしたいという思いで、他の税理士からは面白くない存在となる覚悟で相続税還付専門の税理士になることにしました。

ただし、無駄に嫌われる存在にはなりたくありませんので、相続税還付の依頼者にはお申込をいただく際に、申込書兼誓約書として「依頼した事については、前の税理士に漏らさないと誓約します。」の一文にサインをいただいています。

そのため少なくても私が開業してからは、相続税還付をきっかけに前の税理士にクレームが入ったことはないと思います。

税理士のミスが大きければ大きいほど私の収入が増えます。
そのため、私の利益だけを考えると本書を出版するメリットがほとんどありません。
もちろん、本を出版することで信用につながる部分はありますが、私が本を出版するのはこれが初めてではありませんし、そういう意味ではやはりメリットは少ないです。

しかし、私の仕事に対する信念である「損をさせない申告」を貫くためにも、私が相続税還付の仕事をするだけではなく、そもそもミスのない申告書を世の中に広めることが「損をさせない申告」に繋がることだと思い、本書を出版する決意を固めました。

本書のノウハウをご活用いただくことで、ミスのない申告をし相続税還付専門の税理士に還付されないようになっていただければ幸いです。

目次

※本書の内容は平成30年1月時点での法令等に基づいています。
※本文中には著者の個人的な見解も含まれていますので、あらかじめご了承ください。

第1章

こんなに多い
税理士の財産評価ミス

7割以上の申告書が払い過ぎとなっている相続税の実態

平成27年1月1日の相続税増税に伴い、相続税申告や生前の節税対策の相談が増えています。

私は相続税が専門ですので少子高齢化、かつ、相続税増税のあった現在、相談が増えるのはごく自然なことかもしれませんが、相続税を専門にしていない税理士も同様に「相続の相談が増えた」と実感しているのではないでしょうか？

また、メディアでも相続税に関する特集が組まれるなど相続税に対する関心が深まっている印象を受けています。

逆に「相続税の払い過ぎ」についてはあまり世の中に知られていません。

他の税理士の立場からすると「相続税の払い過ぎ」は世の中に知られない方が都合の良いことかもしれませんし、私のように相続税還付専門の税理士の存在は面白くない、と思っていることでしょう。

しかし、実際に相続税の申告内容を見直すと約7割の方が「相続税の払い過ぎ」となっています。

はたして、このような状態を見過ごして良いものなのでしょうか？

私は「損をさせない申告」を信念として税理士業をしています。

私の信念に照らし合わせても「相続税の払い過ぎ」は見過ごしても良い問題ではありませんでした。

ではなぜそのような事態が発生するのか？

まずは統計データを元に解説したいと思います。

平成27年中に亡くなられた方（被相続人）の数は1，290，444人でした。

しかし、全員に相続税が課税されるわけではなく、相続税がかかった件数は103，043件です。

課税割合（死亡者のうち、相続税がかかる人の占める割合）は103，043人／1，290，444人の8％となっていますので、逆にいえば、9割以上の人は相続税が課税されないということです。

※相続税の増税前の平成26年は相続税がかかった件数は56，239件でしたので、これでも1・8倍に増えています。

これに対して税理士の登録者数ですが、平成28年3月末時点で75，643人となっています。

単純に割り算で計算しても1人の税理士が年間に取り扱う相続税の申告件数が1・36件となっています。

※増税前の平成26年は1人の税理士が年間に扱う相続税の申告件数は0・74件でした。年間に1件ほどしか取り扱う機会がないため、相続税のノウハウを得ようにも得られないというのが実情です。

また、税理士試験において「相続税法」は必須科目になっていません。

そのため、税理士の資格を持っていても相続税法を全く勉強したことがない人も多数いるのです。

以上のことから、税理士といっても相続税に詳しいとは限らないのが分かると思います。

医者と同じように税理士にも得意不得意があるのです。


特に差が出てくるのが土地の評価です。

一般的な税理士が普段取り扱う仕事は会社の顧問や個人の確定申告などです。

「会計」がメイン業務になりますので「財産評価」は普段取り扱っていません。

財産評価の中でも特に税理士によって差が出やすいのが土地の評価なのです。

相続税専門でない限り普段、土地の評価をする機会はありません。

そのため、土地を評価する際に現地調査、役所調査を実施していないケースが多かったり、仮に調査をしていても普段接していない分野の仕事ですので最大限の評価減をしていない（見落としをしている）ケースが多くあります。

土地の評価額は大きいことから税理士によって数百万から数千万、場合によっては億単位の差が出てしまいます。

特に相続税を申告しているケースではほぼ確実に土地がありますので、全体の7割以上が相続税を納め過ぎているのです。

税務調査の入らない税理士が優秀ではない

相続税を申告した場合には、税務調査が必ず入るのでしょうか？

相続人の方からよく質問されますが、税務調査は必ず入るものではありません。

確率としては約21．22％となっています（平成26年に発生した相続税の申告56，239件に対して平成27事務年度における相続税の実施調査の件数は11，935件）。

また、調査を受けた11，935件のうち9，761件（81．78％）は何かしらの申告漏れ等の非違が発生しています。

そのため、相続税の調査が入った場合には81．78％という高確率で何かしらの否認を受けることになります。

では税務調査が入らない場合には、税理士がしっかりと申告をしてくれたからでしょうか？

もちろん、税理士が税務調査対策として預貯金の入出金をきちんと調査するなど、税務署に指摘されないように手許現金、名義預金を相続財産に計上することで調査の確率を下げることはできると思います。

税務署側の費やす労力との兼ね合いですが、追徴課税を狙えるかどうかが税務調査に入るか否かの分かれ目となります。

つまり税務署視点で考えると追徴課税の可能性が高ければ税務調査に入るし、逆に追徴課税の可能性が低い場合には税務調査は入らないのです。

そのため、税理士がしっかり預貯金の調査をして手許現金や名義預金をしっかり相続財産に計上している場合には追徴課税の可能性が低くなりますので、税務調査が入る確率は低くなるといえます。

逆に税理士がしっかり預貯金の調査をしていない場合には、手許現金の妥当性や名義預金の可能性について追徴課税を狙いやすくなるのです。

しかし、税務調査が入らない理由はそれだけではありません。

繰り返しになりますが、税務調査が入るか否かは追徴課税を狙えるか否かになりますので、税理士が保守的に財産を高く評価している場合には、「相続税の払い過ぎ」という状態となっていますので、追徴課税を狙うのが難しくなります。

そのため、相続税に不慣れな税理士が財産評価の際に保守的に高く評価することで、結果的に税務調査を回避できる可能性が高くなるのです。

逆に相続税に強い税理士であれば、税額を下げるために財産評価をする際に最大限の評価減を行います。

基本的には財産評価基本通達に基づいて評価を行いますので、最大限の評価減をしても否認されることはありません。

しかし、中には判断の難しい論点があります。

判断の難しい論点として最もメジャーなものだと「広大地」の評価があります。

広大地の細かい説明は第３章でしたいと思いますが、広大地に該当すると評価が半分近くにまで下がります。

そのため、広大地に該当する場合には大きく税金が安くなりますが、広大地に該当するかどうかの判断が物凄く難しいのです。

そのため、微妙なものについて広大地評価をすると税務署から否認されるリスクがあります。

相続税に強い税理士であれば、税務署から「広大地評価は認めない」と否認されそうになった時に上手く反論できますが、相続税に不慣れな税理士ですと上手く反論できないのです。

つまり相続税に慣れていない税理士ですと、広大地の可能性が高いにもかかわらず保守的に広大地評価をしていなかったり、広大地に該当することに気付かないケースが多々あります。

このような場合には「相続税の払い過ぎ」となっていますので、税務署側も逆に還付になる可能性のある申告書について税務調査をしようとは思わないのです。

他にも広大地だけではなく、特定路線価を設定するか否か、不動産鑑定評価にするか否かなど財産評価基本通達だけでは判断の難しい論点が多々あります。

中には路線価にいちゃもんをつけることもあります。

大半の方は国税庁から公表されている路線価が誤っているなどと思ってもいません。

しかし、実際には路線価が誤っていることもあります（第3章で路線価の誤りを是正した時の事例を紹介します）。

まとめますと、税務調査が入らない理由は①税理士がしっかりと税務調査対策をしている場合（税理士が優秀）と②税理士が保守的な評価をしている場合（税理士が相続税に不慣れ）が考えられます。

もちろん、それだけが原因ではないですが、税務調査が入らないからといって必ずしも税理士が優秀ではないということです。

税理士の立場としては、税務調査対策ももちろん大切ですが、相続税還付対策もしておかないと依頼者の信頼を損ねることになってしまいます。

②税理士が保守的な評価している場合（税理士が相続税に不慣れ）に該当する時は、「相続税の払い過ぎ」となっている可能性が高いと思われますので、相続税還付の可能性が高くなってきます。

税理士がミスをしていた場合の相続税が還付されるまでの手続きの流れ

相続税の還付請求ができるのは亡くなってから5年10カ月以内となります。

実際に相続税還付を受けるまでの流れについて、私の事務所の場合を例に挙げて説明します。

①無料相談・お申込み

まずは無料相談という形で内容をお話しします。

相談の際には「相続税申告書と添付資料一式」をご用意ください。(修正申告をしている場合には修正申告書一式も含みます)

難しく考えてしまう方もいますが、相続税の見直しはたったこれだけの書類を揃えるだけなので、おどろくほどに簡単です。

②相続税申告書・添付資料一式のお預り

相続税還付までの流れや内容の説明をさせてもらい、還付の依頼をいただけるのであれば「相続税申告書と添付資料一式」をお預りします。

基本的には上記①と②はセットで行いますが、忙しくてお会いできない方の場合には、郵送や宅急便などで「相続税申告書と添付資料一式」を送ってもらうことで対応可能です。

特に地方の方の場合には、郵送や宅急便などで送ってもらうケースが多くなっています。

③還付可能性の調査と書類作成

お申込みと「相続税申告書と添付資料一式」をお預かりしましたら、当事務所で当初申告の内容の調査をさせていただき、必要に応じて、土地の現地調査、役所調査を実施して減額の可能性を調査致します。

調査の結果、減額要素があった場合には相続税の還付を受けるための書類（更正の請求書）を作成致します。

還付可能性の調査と書類作成に関しては、内容によりますが、２ヵ月から３ヵ月ほどの期間となります。

④還付可能性の有無のご報告

還付の可能性についてご報告いたします。

もし還付の見込みがない場合にはここで業務は終了し、報酬も一切発生しません。

仮に調査に実費代がかかっていた場合も一切請求はしていません。

還付の可能性がある場合にのみ、次のステップに進みます。

⑤税務署への書類提出

還付の見込み金額をご報告して、還付の可能性がある場合には、税務署への提出書類に押印をいただき還付請求します。

⑥税務署のチェック

税務署に対して還付請求（更正の請求）をした場合には、税務署側でも内容の調査をします。

⑦指定口座に還付

通常は3ヵ月程度でチェックして結果が出ます。

税務署へ書類を提出してから約３ヵ月程度（内容によっては数か月）で、結果を知らせる「相続税の更正通知書」が送られてきます。

その後、概ね１ヵ月程度で「国税還付金振込通知書」が届いて、指定口座に相続税の還付金が振り込まれます。

振り込まれた後に、当事務所に報酬をお支払いいただきます。

成功報酬ですので、万が一、還付が認められなかった場合には、当事務所への報酬は発生しません。実費代についても同様に発生しません。

なお、還付されなかった事について不服がある場合には不服申立てをする事ができます。

以上が実際に相続税の還付を受けるまでの流れになります。

お申込みから還付されるまでのトータルの期間としてはだいたい６ヵ月から長くて１年ほどとお考えください。

相続税還付でよくある質問

Q1. そんなことをすると当初税理士に悪いのでは？

税理士は、納税者のための存在であり税金が戻ってくること（納税者の利益）について悪くいうことはないと思います。

払わなくて良かった税金を取り戻すだけですので税理士に対して後ろめたいような手続きではありません。

必要であれば、還付後に当事務所から当初申告をした税理士に対して内容を説明することも可能です。

Q2. 当初の税理士とは今後の付き合いもあるので、相続税還付をお願いしたことがばれたくないのですが…。

相続税還付では依頼者が顧問税理士に話をしない限り、顧問税理士に知られることなく手続きをすることができます。

その理由について、以下、順を追って説明します。

①税務代理権限証書の添付

相続税の還付請求をする際には、税務署に対して「更正の請求書」という書類を提出して還付請求をすることになりますが、税理士に依頼している場合には「税務代理権限証書」という書類も一緒に提出します。

税務代理権限証書とは、税理士が税務代理をする場合に、その権限を有することを証する書面です。

イメージとしては委任状のようなものとなります。

この税務代理権限証書を添付することで、税務署からの連絡も新たに税務代理権限証書を添付した税理士にくるようになりますので、前の税理士に連絡が行くことはなくなります。

②還付金の入金口座に注意

相続税の還付請求をする際に提出する更正の請求書（還付請求する書類）に還付金を受取る口座を記入するのですが、普段顧問税理士に見せていない口座を記入する必要があります。

確定申告などを顧問税理士に依頼している場合には、事業収入や不動産収入が入金される通帳を顧問税理士に渡していると思いますので、普段顧問税理士に渡している口座に相続税の還付金が入金されていると、相続税還付を依頼していたことが顧問税理士に気付かれてしまいます。

顧問税理士と今後も良好な関係を続けていくためにも、普段顧問税理士に見せていない口座で還付金を受取る必要があります。

③郵便物に注意

相続税の還付請求をした結果は、税務署から「更正通知書」という書類が送られてきて通知されます。

また、更正通知書が届いてから1カ月程度で「国税還付金振込通知書」というハガキで還付金と還付の入金日が通知されます。

つまり税務署から2回、書類が届きます。

顧問税理士がいる方ですと、税務署から届いた書類を封も空けずに渡してしまう方がいますが、相続税還付に関する書類は渡さないように気を付けてもらう必要があります。

④相続した財産を売却している場合

相続により取得した財産を、被相続人が亡くなってから3年10カ月以内に売却した場合には、相続税の一部を経費にすることができる相続税の取得費加算という特例があります。

相続税の取得費加算は、納税している相続税を基に計算することになるため、この相続税の取得費加算の特例を適用している場合には、相続税還付を受けることで、逆に所得税の負担が増えてしまいます（経費にできる金額も減ってしまうため）。

増えるとはいっても、還付される相続税と比較すると少ない金額になるため、手取りがマイナスになってしまうことはありませんが、所得税については修正申告をする必要があります。

※増えてしまう所得税の負担は、相続税の見直しをする財産にもよりますが、還付される相続税の数%から最大でも20%程度になります。

そのため、相続税の取得費加算の特例を適用している方が相続税還付を受けた場合には、更正通知書が届いて還付が認められてから速やかに所得税の修正申告をする必要があります。

相続税還付については、還付請求をした税理士の税務代理権限証書を添付していますが、所得税については以前の税理士のままになっているため、修正申告を放置してしまうと、所得税の修正申告の件で顧問税理士に連絡が入る可能性があります。

所得税の修正申告までセットで相続税の還付請求をした税理士に依頼することで、所得税についても税務代理権限証書を添付して顧問税理士に知られずにすみます。

⑤まとめ

以上の4つのポイントを守ることで、顧問税理士には迷惑をかけることなく、相続税の還付を受けることができます。

相続税還付を専門にしている税理士であれば、還付される金額だけでなく、その後の顧問税理士との関係性にも気を付けて手続きしてもらえます。

相続税還付は払い過ぎてしまった税金を取り戻す権利ですので当初の申告をした税理士に後ろめたくなるようなものではありませんし、迷惑をかけることもありません。

相続税還付は誰にも迷惑がかかりませんので、安心して相続税還付を依頼することができます。

Q３．税務署からにらまれるのでは？

相続税還付は、払い過ぎた税金を国税通則法に則って合法的に手続きをするだけです。

そのため、過去の申告が適正なものであれば還付は認められませんが誤って納め過ぎていた場合には当然還付されます。

Q4. 見直しの結果、逆に増額になることはないですか？

見直しの結果、当初から適正なものであれば還付にはなりません。

その場合には適正な申告がされていたということで、報告させていただきます。

また、逆に増額要因がある場合には税務調査が入った際のリスクのご説明をさせていただきます。

増額要因がある場合には当事務所では税務署に対しての申告はしませんので、見直しをしたために増額となることはありませんのでご安心ください。

Q5. もうすでに税務調査が入ったので、もうこれ以上税額が変わることはないのでは？

既に税務調査が終わっていれば、これ以上増額になることは基本的にはありません。

税務調査は追徴課税を狙ってきますので、納税者に有利となるような土地評価等の減額については税務署から指摘してくれることはほとんどないのが実情です。

つまり、増額要素についてのみ指摘され、減額要素についてはそのままとなっています。

よく勘違いされてもうこれ以上税額が変わらないと思われている方が多いですが、税務調査が終っている方については増額リスクがほとんどなくなるため、相続税還付の成功率は格段に高くなります。

※通常の成功率は10件中7件ほどですが、税務調査が終っている場合の成功率はさらに高くなります。

理由としては、税務調査を誘発するかもしれないというリスクを考えなくて良いため、少しの可能性でも気軽に還付請求できるという点があります。

Q6. 実は財産を隠していて申告していません。相続税還付をした結果、税務調査が入り増額になることはありますか?

財産を隠していた場合、税務調査で指摘される可能性は高いです。

私からは素直に修正申告をしてくださいとしかいえません。

修正申告をした後で、改めてご連絡を頂ければ相続税還付のご依頼を受けることは可能です。

Q7. 還付になった場合にはまた分割協議が必要ですか?

還付金は、各相続人の取得している財産に応じて還付されますので分割協議の必要はありません。

また、所得にもなりませんので、所得税の確定申告や修正申告も必要ありません。

Q8. 延納している場合はどうなりますか?

延納している場合、還付ではなく延納している残金の減額になります。

そのため、利子税の負担も相当軽減されるため、節税効果としては現金還付の場合よりも大きくなります。

Q9. 物納している場合はどうなりますか?

物納している場合、現金で納付したのと同じ扱いになりますので、現金で還付されることになります。

ただし、物納財産を見直して減額した場合には、収納価格も減額されますので注意が必要です。

Q10. 当初申告の際に何度も戸籍謄本、印鑑証明書、残高証明書を入手したり分割協議をしたりで滅茶苦茶疲れました。あんな思いをするくらいなら還付を受けなくてもいいのですが…。

相続税還付に必要な書類は「相続税申告書と添付資料」のみです。

税務調査が入って修正申告している場合には「修正申告書」も必要になります。

あとはこちらで土地の現地調査と役所調査をしますので、お手数をおかけすることは基本的にありません。

土地の利用状況などをお聞きすることはありますが、戸籍謄本や印鑑証明書などが必要になることはないのでご安心ください。

Q11．他の相続人と絶縁状態で会話もできない状態ですが…。

還付の際には相続人全員で受けることができるので、できれば相続人全員で手続きをするのが望ましいですが、1人で手続きをすることも可能です。

Q12．相続後にほとんど売却してしまって土地は残っていないのですが…。

相続税還付は、相続開始時点で被相続人が所有していた財産が対象になります。そのため、売却等していても見直しは可能です。

Q13．当初の税理士が超ベテランの先生で、その税理士が完璧にやったというから、うちは大丈夫だと思うのですが…。

当初の税理士が「間違っているかも」「完璧ではないです」とはいわないと思います。

相続税専門をうたっている税理士の申告で還付したケースもあります。

手続きをするかは別にしても一度ご相談（無料）頂ければと思います。

Q14．成功報酬というのが怪しいのですが、何で成功報酬なのですか？

当事務所では「損をさせない申告」を信念に税理士業をさせていただいています。

そのため、損をしている納税者を１人でも救いたいという思いでこの相続税還付という仕事に力を入れて取り組んでいます。

とはいえ仕事として成り立つのか疑問に思う方もいらっしゃるので成功率と平均還付金額をお伝えします。

まず成功率でいうと7割超。

10件見直しをすれば7件は還付対象となります。

戻せる金額はケースバイケースで当初申告の２％（当初2億超の納税で４９０万の還付）くらいのものから、なかには90％（当初４，０００万の納税で3，６００万の還付）戻るケースもありましたので一概には言えませんが、平均としては約20％の金額になります。

単純に成功率が高いのと、還付金額も多額になるため、仕事としても成立します。

また、還付の可能性が低い場合には時間もかけないため、成功報酬が成立します。

Q15．税理士が申告しているのに何故還付になるケースがあるのですか？

例えば医者であれば内科、外科等の専門があるように税理士にも専門分野があります。

一般的な税理士は法人税、所得税、消費税を専門にすることが多く、相続税を専門にする税理士は限られています。

特に差が出てくるのが土地の評価です。

相続税に慣れていない税理士は土地の現地調査、役所調査を実施していないため、最大限の評価減をしていない場合が多く、税理士によって数百万から数千万の差が出ることが多々あり、場合によっては億単位の差が出てきます。

Q16．どこまで無料でやって頂けますか？

還付（延納の場合には減額）されない限り、一切報酬は頂きません。

還付又は減額に成功した場合に限り、還付又は減額をした金額の中から報酬を頂きます。

Q17．個人情報の取扱いが気になります。

税理士には守秘義務があります。

税理士法第38条…税理士は、正当な理由がなくて、税理士業務に関して知り得た秘密を他に洩らし、又は窃用してはならない。税理士でなくなった後においても、また同様とする。

以上のように定められていますので、個人情報の取扱いに関してもご安心ください。

Q18. 亡くなってから5年9カ月になります。期限がかなりぎりぎりですが、間に合うのでしょうか？

結論としては間に合います。

平成23年12月2日以降に申告期限が到来するもの（改正後）については、更正の請求が5年間（つまり亡くなってからだと5年10カ月）認められるようになりました。

平成23年12月1日以前に申告期限が到来するもの（改正前）については、更正の請求が1年間しか認められておらず、税務署側の職権で減額更正（除斥期間5年間）をしてもらえるように嘆願書を提出していました。

当時は減額更正の除斥期間が5年間であることから、除斥期間ぎりぎりで嘆願書を提出しても間に合わずに期間を過ぎてしまうケースもありました。

そのため、税務署のチェックする期間を考慮して3カ月前までには提出する必要がありました。

ここで疑問となるのが改正後は更正の請求が5年間となりましたが、税務署の減額更正の除斥期間も5年間であることから、期間ぎりぎりだと間に合わないのでは?という点です。

この点については、改正後は更正の請求が5年間に延長されたことに伴い、更正の除斥期間の終了間際になされた更正の請求に係る更正の期間が、更正の請求があった日から6月を経過する日までとなりました。

つまり、法定申告期限から5年間を超えても最長6カ月間は減額更正ができることになりました。

そのため、間に合うか否かは当事務所の作業スピードにかかっていますが、1カ月あれば間違いなく間に合います。（相続税申告書と添付書類一式がそろっている場合）

1カ月未満の場合には、申告書の内容等によりますが、間に合うように大至急見直しを行います。

Q19．当初申告をした税理士がすでに「相続税還付」をしてくれましたので、うちはもう「相続税還付」できないと思うのですが…。

当事務所が行う「相続税還付」は税理士が申告した内容について、財産評価が正しくされているか否か等の見直しを行うものになります。

そのため、当初申告をした税理士がご自身で行う「相続税還付」とは全くの別物になってきます。

当初申告をした税理士が行った「相続税還付」はおそらく下記のいずれかになると思います。

○単純な計算ミス等で過大申告をしていたため、更正の請求（還付請求）をした。

○当初申告が未分割（相続人間で争いがあるなど）で、特例を適用できずに過大申告をしていたため、遺産分割の確定後に特例を適用するために更正の請求（還付請求）をした。

いずれの場合も財産評価の見直しに伴う「相続税還付」ではありませんので、見直しをすることで「相続税還付」につながる可能性があります。

また、仮に未分割の状態で特例を適用できていない場合でも見直しをすることは可能です。

状況に応じて①財産評価の見直しと還付の見込み金額を計算し、遺産分割が確定するまで保留にした後に還付請求をする。②遺産分割が確定する前でも財産評価の見直しで先に還付請求をする。（この場合でも遺産分割の確定後に特例を適用して再度還付請求はできます。）

いずれの場合も除斥期間（時効のようなものです）やリスク等の兼ね合いで臨機応変に対応しますので、手続きをするかは別にしても一度ご相談（無料）頂ければと思います。

Q20．当初申告をした税理士とは別の税理士（相続税還付専門）に「相続税還付」の依頼をしました。もう還付を受けることはできませんか？

相続税還付専門の税理士が「相続税還付」をしているのであれば、当事務所が見直しをしても還付を受けられる可能性は低いと思います。

ただし、大手の税理士法人（又は大手の税理士事務所）では、相続税還付が完全成功報酬という性質上、還付の見込み金額が数万～100万、200万程度の少額の場合には、還付請求をしないというところもあります。

また、大きな論点でも見落としが絶対にないとはいいきれませんので、ダメ元で見直しのご依頼をいただくことは可能です。

当事務所の実績でも、相続税還付を扱っている税理士法人が申告をしている案件で、相続税の還付に成功したことがあります。

Q21. 相続税の申告書が見当たりません。それでも見直しをしてもらうことは可能でしょうか？

相続税還付には、相続税の申告書と添付資料一式が必要になります。

通常は、当初の申告をした税理士から控えとして相続税の申告書と添付資料一式を渡されています。

相続人が複数人の場合には、窓口となっている相続人が代表として１人が受け取っているケースもありますので確認してみてください。

もしも他の相続人と争っているなどの事情により、相続税の申告書と添付資料を預かることができない場合には、当初の申告をした税理士に発行を依頼します。

ただし、相続税還付をするからという理由では素直に出してもらえない可能性もありますので、下記のような理由が良いと思います。
○故人との思い出なので、手元に置いておきたい。
○他の相続人と争っていて見せてもらえないため、私も同じものを手元に置いておきたい。
○私自身の相続対策を検討しており、参考にしたい。
万が一、税理士も発行してくれない場合には、最終手段として税務署に対して開示請求をすることになります。

最終手段にする理由としては、請求者以外の相続人の欄（第1表など）や、他にも特定の個人を識別することができるものについては、不開示情報としてマスキングされてしまうからです。

なお、開示請求は下記の手順で行います。

①申告書を提出している税務署に「保有個人情報開示請求書」を提出します。
保有個人情報開示請求書は税理士が代理で提出することができませんので、相続人が自ら請求します。

また、請求には本人確認書類と手数料３００円も必要になります。

②請求してから30日以内に税務署から「開示決定通知書」と「保有個人情報の開示の実施方法等申出書」が送られてきます。

※開示、不開示の判断の審査に相当の時間を要するなどの事情により、期限が延長されることもあります。この場合には、税務署から「開示決定等期限延長通知書」が送られてきます。

③郵送か窓口で交付を受けます。
その際に「保有個人情報の開示の実施方法等申出書」を提出します。

Q22. 故人が「相続税のことは税理士の○○先生に任せている」と信頼していたため、故人の遺志を尊重してその税理士に相続税の申告を依頼しました。そのため、相続税還付の依頼をするということは故人の遺志に反するような気がします。還付ができるか否かに関係なく、お金よりも故人の遺志を尊重したいと思っています。

故人の「相続税のことは税理士の○○先生に任せている」とはどういう意図だったのでしょうか？

今となっては確認することはできないと思いますが、おそらくは「遺された相続人が相続税で損をすることがないように」という思いで一番信頼している税理士に任せたのだと思います。

間違っても「遺された相続人に損をさせてやろう」とは思っていないはずです。

つまり、税理士の利益のためではなく、相続人の利益のためを思ってのことだと思います。

そのため、しっかりと相続税の申告をしていれば故人の遺志も尊重された結果となりますが、仮に相続税の申告に誤りがあって納め過ぎていた場合に、故人の遺志が尊重されたといえるのでしょうか？

「相続税のことは税理士の○○先生に任せている」という言葉通りのことは、その税理士が申告をすることで達成できているかもしれませんが、本当の意味での遺志は達成できていないといえるでしょう。

言葉を文字通りに受け取るのではなく、その裏の本当の意味（誰のことを思ってのことなのか）を理解して、故人の遺志を尊重することが大切だと思います。

法律の世界では言葉を文字通りに受け取り、何を思っていたのかは反映されないかもしれないですが、相続税還付をやるか否かは「故人と相続人の想い」になります。

見直しをした結果、当初の申告が適正であれば、「故人の遺志は本当の意味で尊重された」といえますし、逆に納め過ぎていた場合には、「故人の本当の意味での遺志を尊重する（相続人のためを思ってのことだった）」ためにも還付請求をして納め過ぎた税金を取り戻すことが大切だといえます。

また、故人が信頼していた税理士にも迷惑がかかることではありません。

そこまでの信頼関係ができている税理士であれば、その税理士も相続人の利益を最優先に考えてくれているはずです（相続税の還付請求をしたことを知ることはないですが）。

お金が全てではありませんが納めなくても良い税金を納めることは故人も望んでいません。

故人の遺志を尊重するのはとても大切なことです。

ですが、故人の遺志の本当の意味を理解していくことも大切だと思います。

今一度、「故人の本当の意味での遺志って何だったのか」考えてみてはいかがでしょうか？

第2章

土地の現地調査、
役所調査のポイント

事前調査

不動産の評価をする際の第1歩目のステップとして、まずは依頼者等から下記の書類を入手して、所有している不動産と概要の把握をします。

○固定資産税の課税明細書
○名寄帳
○住宅地図
○ブルーマップ
○公図
○路線価図・倍率表
○測量図
○全部事項証明書

○固定資産税の課税明細書

相続人などの依頼者から相続開始年分の固定資産税の課税明細書をお預かりします。固定資産税の課税明細書では、不動産の所在地、家屋番号、登記地目、現況地目、課税地積、課税床面積、固定資産税評価額、課税標準額等を確認することができます。固定資産税の課税明細書で所有している不動産と情報を概ね把握できるため、一番初めに入手すると良いでしょう。

ただし、不動産の中には、登記されていない権利などもあるため、下記のような場合には、依頼者から聞き取りをする必要があります。

・借地権などの登記に現れない権利はないか
・先代名義のままになっているものはないか
・最近売買した不動産はないか
・地方などに固定資産税が課税されないような不動産はないか

また、固定資産税の課税明細書では、固定資産税が課税されない道路などは記載されていません。

そのため、不動産の漏れを防ぐためにも名寄帳を入手することをお勧めします。

○名寄帳

名寄帳は、納税義務者ごとに次の記載事項をまとめた書類になります。

・納税義務者の住所及び氏名又は名称、土地の所在、地目、地積、価格等、家屋の家屋番号、床面積、価格

名寄帳の書式は固定資産税の課税明細書とほぼ同じようなものになります。

基本的には固定資産税の課税明細書と同じようなものですが、所有している不動産の漏れを防ぐために入手します。

ただし、役所によっては固定資産税の課税明細書と全く同じものを名寄帳として発行するところもあります。

そのため、道路などの非課税となる不動産が記載されるのか確認する必要があります。

※以前、ある役所で名寄帳を入手したところ、道路が記載されていませんでした。たまたま、道路も所有しているのでは？と疑問に思い全部事項証明を入手したため、漏れを防ぐことができました。

また、建物は取り壊して存在していないのに、登記簿上、残ってしまっているものがあり、名寄帳に載っていないケースもあります。

余計な混乱を防ぐためにも、建物が残っていないのであれば、滅失登記をして閉鎖した方が良いでしょう。

○住宅地図

住宅地図とは地図の一種で、戸別名（表札表示による居住者）表示地図のことをいいます。

建物の形や表札名、建物の名称などが記載されています。

住宅地図を入手することで、土地のおおよその位置、形状を把握できますし、周辺の状況も把握することができます。

例えば、周りに墓地があれば評価減要素につながりますし、鉄塔と鉄塔の間にあれば高圧線下である可能性が高く評価減要素につながります。

他にも評価地の地積が広大であれば、周辺の状況からマンション適地なのか戸建て分譲が多い地域なのか確認することもできます。

実際の評価では現地調査と役所調査が欠かせないですが、その前段階では住宅地図から評価減要素の可能性について検討することができます。

○ブルーマップ

ブルーマップは、正式名称を「住居表示地番対照住宅地図」といいます。

住宅地図と異なる点は、住宅地図ですと住居表示しかわかりませんが、ブルーマップでは住居表示と地番を重ね合わせて、分かりやすく対照にできるようにした地図帳です。

地番などの情報が青色で印刷されているため、「ブルーマップ」と呼ばれています。

固定資産税の課税明細書には住居表示が表示されておらず、地番から場所を特定する必要があります。

そのため、ブルーマップを活用することで、地番からスムーズに場所を特定することができます。

また、都市計画法上の用途地域、建ぺい率、容積率も記載されていますので、調査に役立ちます。

〇公図

公図とは、法務局に備え付けられている土地の図面のことです。

この図面には２種類あり、不動産登記法第14条第１項に規定する地図（14条地図）と不動産登記法第14条第４項に規定する地図に準ずる図面（地図に準ずる図面）を総称して「公図」と呼びます。

14条地図は地籍調査をもとにして作られているため、方位、形状、縮尺が正確で精度の高い図面になります。

そのため、14条地図はスケールでほぼ正確な寸法が机上で計測できます。

それに対して、地図に準ずる図面は明治時代に地租（土地に係る税金）の課税を目的に

作られた図面をもとにしたものであり、方位、形状、縮尺の精度が低く不正確であること
が多く見受けられます。

そのため、地図に準ずる図面は土地どうしの位置関係を確認するには有効ですが、寸法
は不正確であることが多いため、現地で測量した方が良いでしょう。

また、地図に準ずる図面は旧土地台帳附属地図とも呼ばれます。

この公図は、土地の位置関係を把握するために、欠かせない重要な図面です。

公図と住宅地図を照らし合わせて場所を特定することができますし、土地評価をする際
には必ず入手します。

例えば評価地が道路に接しているか（無道路でないか）確認できたり、セットバック、
区分地上権などの有無の確認、赤道の確認などができます。

他にも評価地と道路が同じ筆になってしまっているケースもあります。

この場合には、課税明細書（又は名寄帳）で宅地部分と道路部分で分けられているか確

認します。

仮に道路部分も宅地に含まれてしまっている場合には、道路部分の地積を評価地積から除く必要がありますし、固定資産税についても道路部分に課税されてしまっているため、過年分の固定資産税還付についても検討する必要があります。

公図からは土地の位置関係の把握だけでなく、様々な減額要素の手がかりも発見できるのです。

○路線価図・倍率表

土地の評価方法には、路線価方式と倍率方式の２つの方法があります。

市街地にある土地は路線価方式で、路線価が定められていない地域は倍率方式で評価することになります。

路線価図と倍率表は国税庁のホームページで確認することができます。

路線価地域であれば、該当するページの路線価図を印刷し、路線価が定められていない地域であれば倍率表を印刷します。

中には評価地の隣の路線価を使ってしまったり、倍率も1つずれたものを使って間違えてしまう人がいます。

単純なミスを防ぐためにも、公図と住宅地図、ブルーマップなどで土地の位置を把握してから、評価地の場所を間違えないように該当箇所にマーカーで色を付けたり、適用する路線価にもマーカーで色を付けて間違えないようにした方が良いでしょう。

他にも、普通商業・併用住宅地区と高度商業地区を間違えてしまう人がいますので、注意する必要があります。

また、倍率地域では適用地域について、〇〇道路沿い、〇〇道路の東側、〇〇地域内など細かく別れていることが多いため、地理感のないところでは、イメージが湧かないでしょう。

住宅地図で確認できない場合には、依頼者や役所などに問い合わせをして確認して該当する適用地域を把握していきます。

路線価図と倍率表は毎年７月に公表されますので、１月から６月に相続が開始した場合には、７月の公表まで待つ必要があります。

〇測量図

測量図には、確定測量図、現況測量図、地積測量図など様々な種類の図面があります。

確定測量図とは、対象地と隣接するすべての土地所有者と境界確認をし、それに基づき作成される図面であり、併せて境界標の設置や隣接地土地所有者との立会い証明として境界確認書等の書面を取り交わすことも必要になります。

なお、公道や水路等の公共用地との境界確定も必要となります。

売却を行う場合には、この確定測量をする必要がありますが、特に売却する予定がなければ、費用も高くなりますので、確定測量まで行う必要はありません。

現況測量図とは、その名の通りあくまでも現況の測量図であり、境界確定も完了しておらず、現地にある境界標やブロック塀等を参考に作図された図面になります。

地積測量図とは、土地の表示登記（表題部の登記）、地積の変更や分筆の登記など、新たに地積を記載する登記や登記簿上の地積に変更を生じる登記を申請する場合に登記の申請書に添付して法務局へ提出する図面になります。

地積測量図は、土地の所在地を管轄する法務局に保管されており、誰でも閲覧及び写しの交付を請求することができます。

ただし、すべての土地のものが備え付けられているわけではありません。

また、作成された年代により、必ずしも厳密な正確性と復元力を有しているわけではありません。

測量図の有無については、まず依頼者に確認をします。

測量図が依頼者の手元にないようでしたら、土地を売却する予定の有無を確認し、売却予定の場合には、速やかに確定測量図の作成を依頼します。

特に売却の予定もないようでしたら地積測量図の有無を確認します。

測量図が全くないようでしたら、公図を基に評価することになります。

財産評価基本通達８によると「地積は、課税時期における実際の面積による。」と定められていますが、この通達は、登記地積と実際地積とが異なるものについて、実際地積によることとする基本的な考え方を打ち出したものであって、すべての土地について、実測を要求しているものではありません。

そのため、測量図がある場合には、測量図の地積で土地評価を行いますが、測量図のない場合には公図と登記地積で土地評価を行います。

ただし、公図の精度が極端に低い場合や明らかに縄伸び縄縮みしている場合には、現況測量をした方が良いでしょう。

特に縄縮みしている場合には、登記地積で評価してしまうと過大評価になってしまいますので、現況測量をすることで、相続税も下げることができます。

※縄縮みしている場合には、相続税だけでなく、毎年課税される固定資産税も減額できます。こちらも忘れずに減額してもらいましょう。

逆に縄伸びしているようでしたら、あえて現況測量をする必要はないでしょう。

地図上で誰が見ても明らかに縄伸びしているような状態ですと、税務署から指摘される可能性もあるかもしれませんが、特に売却の予定もなく極端に縄伸びしていない限りは税務署から指摘される可能性は高くないと思われます。

○全部事項証明書

不動産の登記簿謄本には、土地・建物に関する所在、地番、地目、数量（地積・床面積）家屋番号、構造、所有権に関する事項（所有者の住所・氏名）、所有権以外に関する事項（権利関係等）が記載されています。

従前は紙で発行され「登記簿謄本」という名称でしたが、コンピュータ化により「登記事項証明書」に名称が変わりました。

また、「登記事項証明書」は大きく分けると「現在事項証明書」と「全部事項証明書」

の２種類があります。

「現在事項証明書」は現在の状況のみが記載されています。

「全部事項証明書」は過去の履歴も含めて記載されています。

実務では現在の状況と過去の履歴も記載されている「全部事項証明書」を入手します。

また、使用する機会は少ないですが、閉鎖された内容が記載された「閉鎖事項全部証明書」など他にも登記事項証明書は何種類かあります。

登記事項証明書は、法務局で誰でも入手することができます。

また、インターネットの登記情報提供サービスからも入手できます。

頻繁に利用する場合には、インターネットの登記情報提供サービスに登録すると良いでしょう。

現地調査のポイント

土地を評価する際に、現地調査は欠かせません。

事前調査で必要書類を入手したら次は現地調査です。

○いつ現地調査をするべきか

まず現地調査をする日程ですが、できる限り晴れか曇りの日にした方が良いです。

雨の日や雪の日ですと、どうしても視野が狭くなってしまいますし、持参した地図等の資料が濡れてしまうなど、現地調査をする日としては向いてないですし、評価減要素を見落としてしまうリスクが高くなります。

また、時間帯も夕方や夜は避けて日中に行いましょう。

相続人が勤めている人の場合には、夜にご自宅にお伺いする機会も多く、そのついでに現地調査をしたくなりますが、夜ですと空に高圧線があることに気付かなかったり、評価地の裏側に墓地があることに気付かなかったりと、色々と見落としてしまうリスクが高くなります。

他にも評価地の一部が庭内神しの敷地となっていることもあります。

※「庭内神し」とは、一般に、屋敷内にある神の社や祠等といったご神体を祀り日常礼拝の用に供しているものをいい、ご神体とは不動尊、地蔵尊、道祖神、庚申塔、稲荷等で特定の者又は地域住民等の信仰の対象とされているものをいいます。

以上のような理由から現地調査をする日は晴れ又は曇りの日中が良いといえます。

○現地調査に持参するもの

現地に行く際に持参するものとしては、まず、事前調査で入手した資料が必要です。

特に重要なのは住宅地図、路線価図、測量図（なければ公図）になってくると思います。

測量図がある場合でも公図、固定資産税の課税明細書（又は名寄帳）、全部事項証明書も参考に持参しておくと良いと思います。

また、資料の他にもメジャー（又はウォーキングメジャー、レーザー距離計）、デジタルカメラ（最近は携帯電話やスマホでも十分だと思います）、三角スケール（あれば便利という程度）が必要です。

他にも騒音計などが必要になる場面もあると思いますが、騒音計が必要になる頻度は多くないと思います。

必要なものをまとめると、

①事前調査で入手した資料一式（住宅地図、路線価図、測量図など）
②メジャー
③デジタルカメラ
④三角スケール
⑤その他必要に応じて騒音計など

特に重要なのは①から③になります。

メジャーは道路の幅員や間口距離、奥行距離などを測るのに使います。

測った結果を持参した住宅地図等の資料に書いていきます。

私は特に使っていないですが、クリップボードなどがあると書きやすいかもしれません。

デジタルカメラでは、評価地を真正面、斜め、境界、道路付け、周辺の状況（特に減額要素につながるものがある場合には念入りに）などを撮ります。

特に現地調査に慣れていない段階ではより念入りに写真を撮っておいた方が良いです。減額要素につながるのか分からないものも、「もしかしたら減額になるかも?」と思うのであれば、念入りに写真を撮っておいて、後日調べることもできます。

多めに写真を撮っておけば、仮に現地調査の際に見落としていた場合でも、後から写真で気付く可能性もあります。

三角スケールについては、現地調査中に使う機会は少ないと思いますが、簡易測量した結果と測量図、公図の縮尺などをその場で確認する際に使うこともあります。

また、現地調査をする際の格好ですが、汚れても良い安いスーツとカバン（古いものなど）が良いでしょう。

現地調査では、あらゆる角度から写真を撮ったり、道路の幅員や間口をメジャーで測ったり、場合によっては木が生い茂っている中を入っていきます。

私も以前、木の枝にスーツが引っかかっていつの間にかボタンがなくなっていたことがありました。

高いスーツですと躊躇してしまい、現地調査に集中できなくなってしまいますので、汚れても良いスーツで現地調査することをお勧めします。

カバンも肩からかけられる肩ひも付きカバンを使いますが、評価地が複数ある場合には、肩にかけていても邪魔になります。

そのため、私はよく地面にカバンを置いたまま写真を撮ったり測ったりしますので、やはり汚れても良いカバンが向いていると思います。

汚れても良い格好なら、私服などラフな格好でも良いのではと思われるかもしれませんが、現地調査では写真を撮ったりしますので、周りから不審者と勘違いされるリスクもあります。

知人の税理士でも現地調査中に職質を受けたことがあるという話も聞いたことがありますので、やはりスーツが無難だと思います。

○万が一見落としをしてしまった時

現地調査の際には、見落としをしないように念入りに写真を撮るように心がけますが、どうしても見落としをしてしまって、確認をしなければならない時には、グーグルマップのストリートビューなどが参考になります。

場所によっては見られないところもありますが、見ることができる場所であれば現地の状況が確認できます。

また、納税額が少額である場合や、評価額が低くて評価地が遠方の場合などは税理士も多くの報酬額を望むことができず、現地調査まで対応できないという事情も中にはあると思います。

私も「相続税還付」のお手伝いでは、報酬が「完全成功報酬」である性質上、還付の見込みが少ない案件では現地調査ができないため、グーグルマップのストリートビューを活用しています。

他にも申告期限まで残り1週間しかない状態でご依頼いただいた際など、現地調査をする時間を確保できないものなどもグーグルマップのストリートビューを活用して評価したことがあります。

原則としては全ての土地で現地調査をするべきですが、現地調査をすることができない事情がある場合にはグーグルマップのストリートビューを活用することもお勧めします。

役所調査のポイント

土地の現地調査までしたら、後は役所調査です。

役所調査で調べるポイントは下記の通りです。

・道路の種類（建築基準法）

・道路の幅員（道路台帳の入手）
・都市計画図の確認
・その他必要に応じて

道路の種類（建築基準法）

評価地に接道する道路について、建築基準法上の道路か否かを確認します。

役所の建築指導課等（役所によって名称が異なりますが、建築指導課や建築課といった名称のところが多いです）に行くと、建築基準法上の道路種別が色分けされた地図がありますので、それで確認をします。
※役所によってはインターネットで見ることができます。

評価額に影響のあるものとしては、

①建築基準法上の道路でない
②建築基準法第42条第2項道路に接道している

中には見た目は明らかに道路なのに、建築基準法上の道路ではないということもあります。

その場合には無道路地として評価ができる可能性がありますし、仮に建築基準法上の道路ではないところに路線価が設定されている場合でも、減額を検討できる余地があります。

建築基準法第42条第2項道路に接道している場合には、セットバックの必要性を確認します。

また、建築基準法第42条第1項第5号道路（位置指定道路）に該当する場合には、私道の評価等で使いますので、位置指定図を入手します。

○道路の幅員（道路台帳の入手）

建築指導課等で道路種別を確認したら、次は道路課等（役所によって名称が異なりますが、道路課や土木課といった名称のところが多いです）で道路の幅員を確認します。道路の幅員は道路台帳で確認できますので、道路台帳を入手します。

※役所によってはインターネットで見ることができます。

また、役所によっては「道路幅員が４ｍ以上であれば第42条第１項第１号道路で、４ｍ未満であれば第42条第２項道路」と建築指導課等で回答をするところもありますので、道路の幅員を調査することで、道路種別も特定します。

○都市計画図の確認

道路関係の調査の後は都市計画課等（役所によって名称が異なりますが、都市計画課やまちづくり課といった名称のところが多いです）で容積率や都市計画道路予定地の有無、生産緑地の指定の有無等を確認します。

相続税評価では用途地域や建ぺい率を確認する必要性は低いですが、広大地の判定をする際には参考になりますので、確認した方が良いでしょう。

※役所によってはインターネットで見ることができます。

また、ゼンリンの地図で用途地域を重ね合わせるサービスもありますので、とても参考になります（例えば税理士向けのサービスですと「ZENRIN GISパッケージ税理士」があります）。

○その他必要に応じて

例えば、文化財建造物の敷地の場合には、教育委員会等で重要文化財、登録有形文化財、伝統的建造物かどうかを確認します。

※役所によってはインターネットで見ることができます。

その他、土壌汚染や土砂災害警戒区域、倍率地域の区分（例えば畑であれば、農業振興地域内の農用地区域かどうかなど）などを必要に応じて調べる必要があります。

第３章

税理士がよく間違える財産評価のポイント

この章では、税理士が間違えてしまいがちなポイントを、私の経験に基づいて説明したいと思います。

不整形地補正の失念

形が正方形、長方形のように整形地であれば必要ないですが、形がいびつであれば利用価値が下がってしまうため評価減ができます。

不整形地補正は基本的な評価減要素ですし、机上でも判断できるので、失念する税理士はそこまで多くはないですが、明らかな不整形地のみについて不整形地補正を適用し、微妙に不整形地として評価を下げることができそうなものについては失念しているケースがよくあります。

パッと見た感じでは長方形に見えても、道路に接している間口から見ると垂直ではなく斜めになっているようなケースではよく失念しています。

よく間違えるパターン

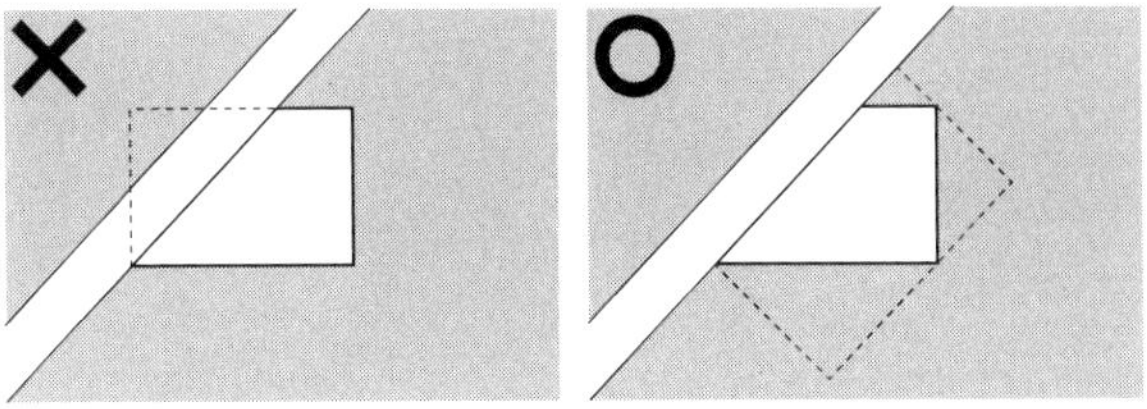

最も多い誤り　　正

不動産評価に慣れていない税理士ですと、見た目だけで不整形地ではないと判断してしまうのでしょう。

逆に慣れている税理士であれば、斜めになっているから不整形地で評価減できるかもしれない、と判断できるのですが。

他にも想定整形地の取り方が間違っているケースもあります。

慣れてくれば、自己の判断で想定整形地を取っても良いと思いますが、不慣れなうちは調べるなどミスのないように注意するべき論点だと思います。

基本的な論点ですが、よく出てくる論点となります。

参考までに、最も多い誤りのパターンをご紹介します。

差引計算の失念

差引計算は、旗竿敷地について適用できる評価減要素となります。

評価の仕方としては、不整形地について近似整形地を求め、隣接する整形地と合せた全体の整形地の価額の計算をしてから、隣接する整形地の価額を差し引いて計算する方法となります。

財産評価基本通達にも記載されていて机上でも計算できるのですが、かなりの税理士がこの差引計算を失念しています。

ベテランの税務職員でも「この評価はどういうことですか？」と聞いてくるので、ほとんどの税理士が失念している（税務職員も見る機会が少ない）のでしょう。

実際に税務職員と差引計算について何度か話をする機会がありましたが、ほとんどの税理士が差引計算をしていないとのことでしたし、私が提出した評価を見て初めて知ったという税務職員もいました。

差引計算の別紙

土地及び土地の上に存する権利の評価明細書(別紙)

近似整形地と隣接する整形地とを合わせた後の全体の整形地を基として評価

①近似整形地と隣接する整形地とを合わせた後の全体の整形地の奥行価格補正後の価額

100,000円　×　0.98　×　600.00㎡　＝　58,800,000円

※奥行　30.00

②隣接する整形地の奥行価格補正後の価額

100,000円　×　1.00　×　400.00㎡　＝　40,000,000円

※奥行　22.22　（　400.00㎡　÷　18.00　（間口距離））

③近似整形地の奥行価格補正後の価額

58,800,000円　－　40,000,000円　＝　18,800,000円

④近似整形地についての奥行価格補正後の1㎡当たりの価額

18,800,000円　÷　200.00㎡　＝　94,000円

財産評価基本通達20(4)参照

【イメージ図】

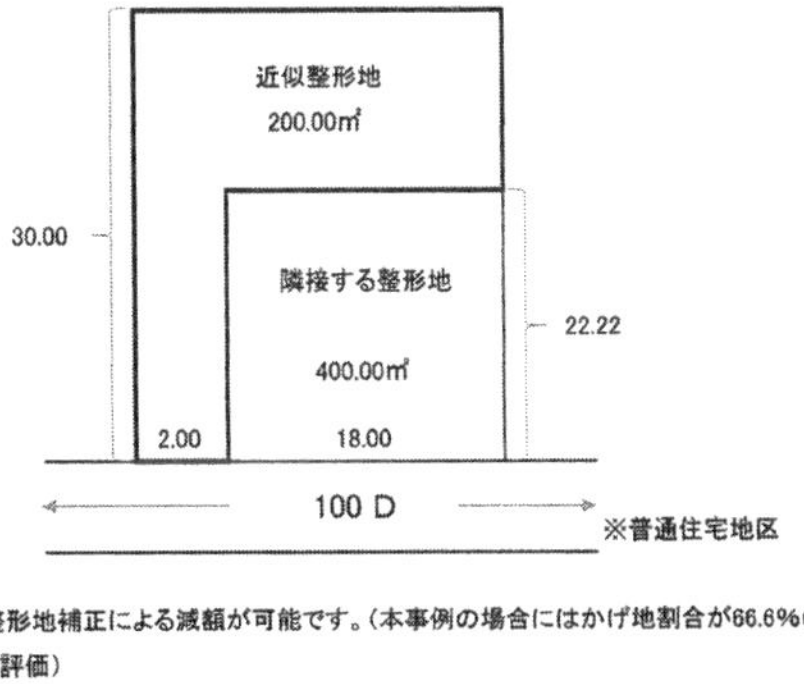

※さらに不整形地補正による減額が可能です。（本事例の場合にはかげ地割合が66.6%のため、0.60を乗じて評価）

（算式）

94,000円　×　0.60　＝　56,400円

かなりの頻度で税務職員も把握していない論点であるため、最近では添付する計算資料の中に下記の根拠通達の番号を入れるようにしています（財産評価基本通達20（4）参照）。

また、市販されている書物でも旗竿敷地の土地の評価方法の計算例で、不整形地補正のみを行って差引計算を失念しているものを見かけることがあります。

※大半の書物では、計算例で差引計算と不整形地補正の両方を適用しています。

土地評価の本を執筆するくらいなので、相続税の申告にはかなり慣れている税理士だと思いますが、そのような税理士でも失念することのある論点です。

中には相続税に強く、私と同様に相続税還付の業務も行っている税理士法人が申告している案件でも、この差引計算を失念しているものがありました。

間口按分の失念

評価地について、正面と側面に路線がある場合には、一方のみが路線に面している宅地より利用価値が高いと考えられますので、側方路線影響加算というものを行います。

この場合に、側方路線に接する部分がその宅地に係る想定整形地の間口距離よりも短い場合には、側方路線に接する部分がその宅地に係る想定整形地の間口距離に占める割合により加算額を調整します。

また、側方路線に接している道路が一部のみである場合にも、同様に加算額を調整します。

評価減要素としては、そこまで大きくはないのですが、失念している税理士がかなり多く、私が今まで見直しをした感覚では10人中８人から９人は失念していました。

逆にいうとこの間口按分の計算をしている税理士は、かなり細かいところまで注意して評価をしているといえます。

図１　間口按分の失念

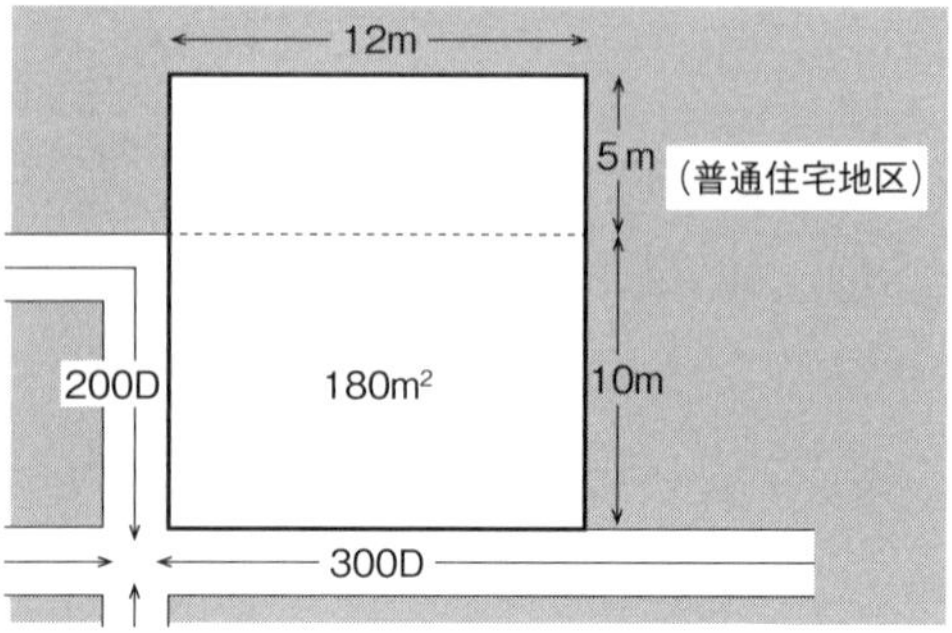

参考までに間口按分ができる例を２つご紹介します。

図１は分かりやすいケースだからだと思いますが、市販されている書物でもよく紹介されているパターンになります。

図２は市販されている書物ではあまり紹介されていません（たまに見かける程度です）が、図1と同様に間口按分できます。

図１の算式は下記の通りとなります。

①３００，０００円×１・00（15ｍの奥行価格補正率）
＝３００，０００円

②２００，０００円×１・00（12ｍの奥行価格補正率）
×０・03（側方路線影響加算率）×10ｍ／15ｍ

図２　間口按分の失念

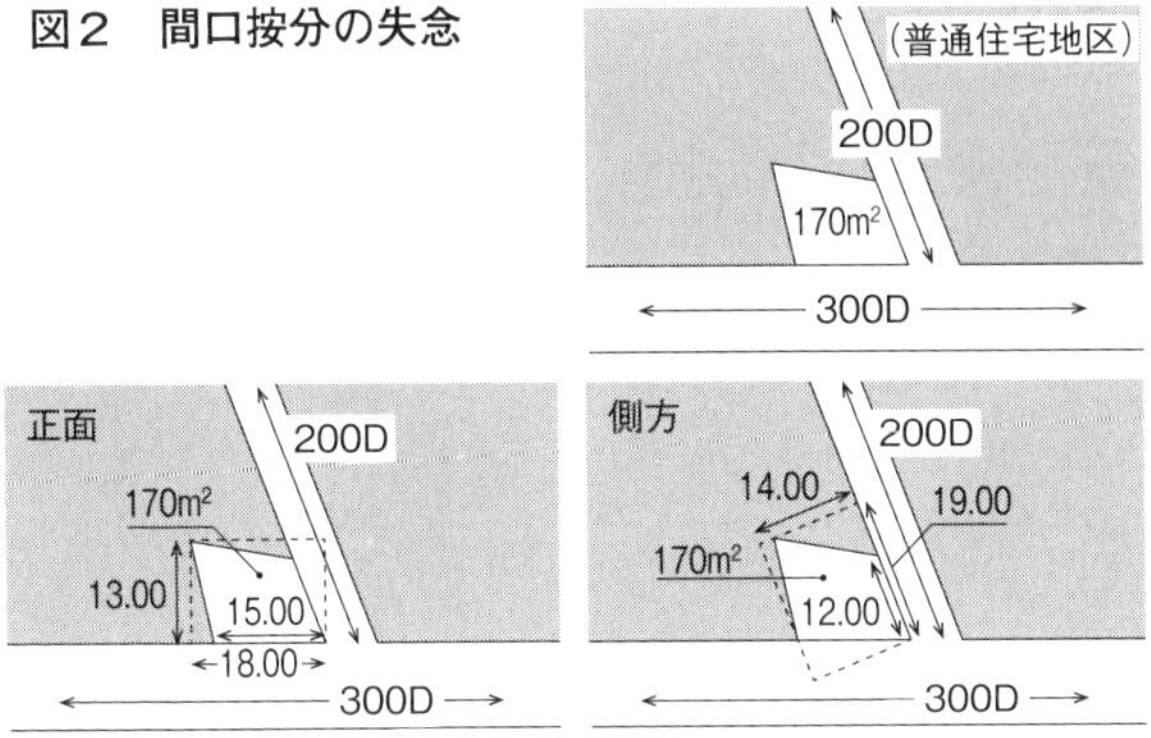

＝4，000円

③300，000円＋4，000円＝304，000円

④304，000円×180㎡

＝54，720，000円

図2の算式は下記の通りとなります。

①300，000円×1・00（11・33ｍ※の奥行価格補正率）＝300，000円

※平均奥行＝170㎡÷15ｍ（間口距離）＝11・33ｍ＜想定整形地の奥行距離13ｍ∴11・33ｍ

②200，000円×1・00（14ｍ※の奥行価格補正率）×0・03（側方路線影響加算率）×12ｍ／19ｍ＝3，789円

※平均奥行＝１７０㎡÷12ｍ（間口距離）＝14・16ｍ　＞　想定整形地の奥行距離14ｍ∴14ｍ

③３００，０００円＋３，７８９円＝３０３，７８９円

④３０３，７８９円×０・92（不整形地補正率）＝２７９，４８５円

※不整形地補正率の計算

18ｍ（想定整形地の間口距離）×13ｍ（想定整形地の奥行距離）＝２３４㎡

（２３４㎡－１７０㎡）÷２３４㎡＝27・35％（かげ地割合）∴０・92

⑤２７９，４８５円×１７０㎡＝４７，５１２，４５０円

図２のパターンでは間口按分の失念が目立ちますが、正面だけでなく、側方側と二方側（裏面）も想定整形地を描くことで、間口按分の失念を防ぐことができます。

評価単位の誤り

土地の評価は利用単位ごとに分けるのですが、評価単位を誤っているケースもあります。きちんと評価単位を分けることで、１つ１つの土地の形がいびつになり、不整形地補正の減額ができたり、差引計算の減額ができるなどの減額要素が発生します。

評価単位のポイントをまとめると下記の通りとなります。

①土地の評価は原則として、地目の別に行います。

地目には宅地、田、畑、山林、原野、牧場、池沼、鉱泉地、雑種地があります。

②二以上の地目が一体利用されている場合には、その主たる地目からなるものとして、一体評価します。

③二以上の地目が一体利用されており、かつ、異なる権利（例えば借地権と賃借権）がある場合には、まず、一体評価を行い、その価額をそれぞれの土地の地積で按分し、その按分したものに借地権、賃借権等の権利割合を乗じて評価します。

なお、同一の敷地内にマンションとそのマンションの入居者専用の駐車場がある場合には、一体利用となるため、一体評価をして全体を貸家建付地として評価します。（駐車場が入居者専用でない場合は別評価をします。）

また、自宅と月極駐車場が隣接している場合の評価単位はどうなるのでしょうか？

この場合、いずれも自用地として評価するため、一括評価とも考えられそうですが、利用状況としては、一体利用ではなく、評価の原則通り地目別（自宅は宅地、月極駐車場は雑種地）で評価します。

④宅地の評価は1画地の宅地ごと（利用単位ごと）に評価する。

自用地、貸宅地、貸家建付地等の区分に分けます。

自用地は居住用か事業用かにかかわらず、全体を1画地として評価します。

貸宅地は、借地人が異なるごとに1画地として評価します。

貸家建付地は、貸家の各棟の敷地ごとに1画地として評価します。

図３　自宅と駐車場

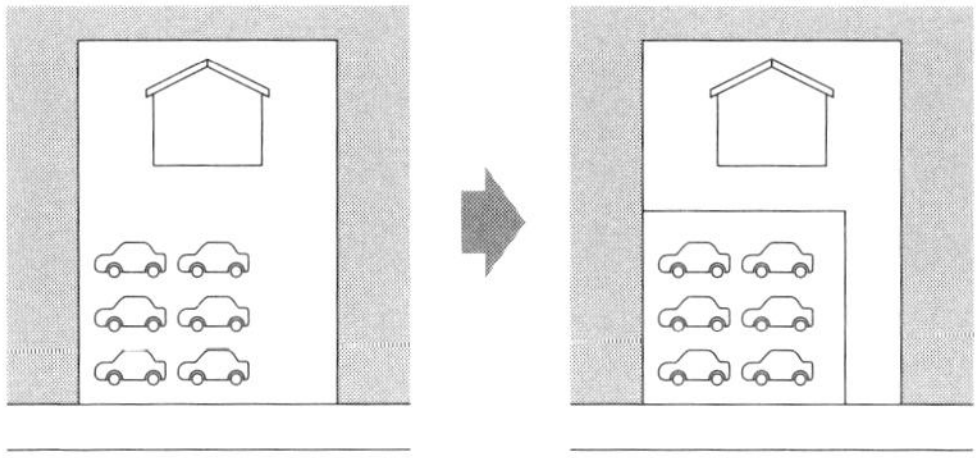

図４　アパート２棟

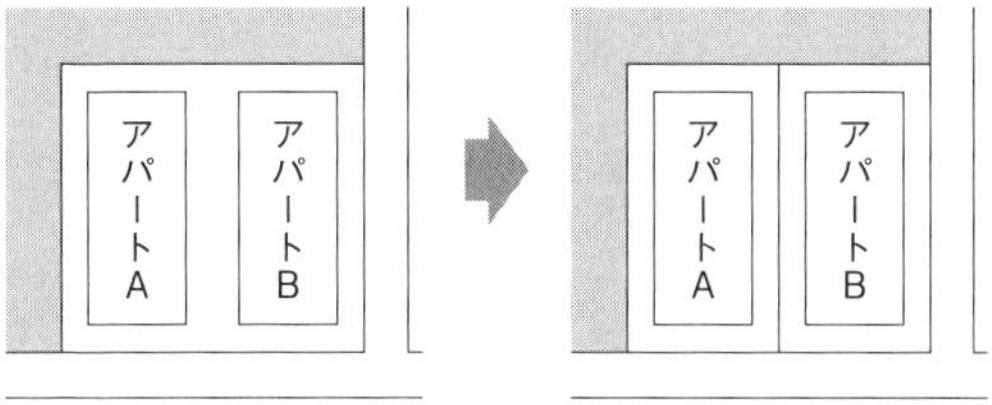

しかし、賃貸アパートが２棟以上建っている場合に、一体評価されているものがあります。

賃貸アパートについては各棟の敷地ごとに評価をする必要がありますので、評価単位を分けることで、不整形地補正などの減額ができるケースが多くあります。

図３．自宅と駐車場については、正しく評価単位を分けることで、自宅の形が旗竿敷地になっているのが分かります。

そのため、差引計算と不整形地補正の減額が可能になります。

図4．アパート2棟については、正しく評価単位を分けることで、アパートAが一方路線のみに接することになるため、側方路線影響加算をする必要がなくなるのが分かります。

そのため、アパートAの減額が可能になります。

広大地評価の失念

その地域における標準的な宅地の地積に比して著しく地積が広大な宅地で一定の要件を満たすものは、広大地評価で大幅な評価減ができるのですが、失念しているケースがあります。

その原因の1つとしては、広大地に該当するのか否かの判断が非常に難しい点が挙げられます。

そのため、リスクを負いたくない税理士は、とりあえず広大地を適用しないで高めの評

広大地評価の失念

広大地評価のフローチャート

評価地の所在地：

① 大規模工場用地に該当するか → Yes → 非該当

※ 路線価図で確認

（　　　　　　　　　　）

↓ No

② マンション適地か、又は、既にマンション等の敷地用地として開発を了しているか → Yes → 非該当

※ 原則として、容積率300％以上の地域に所在する土地は「マンション適地」に該当

用途地域　（　　　　　　　　　　）

容積率　（　　　　％　）

↓ No

③ その地域における標準的な宅地の面積に比して著しく面積が広大か → No → 非該当

※ 各自治体が定める開発許可を要する面積基準以上のもの（開発指導要綱で確認）

面積基準については、原則として、下記により判断

① 市街化区域、非線引き都市計画区域（下記②を除く）

1 市街化区域

三大都市圏　…　500㎡

それ以外の地域　…　1,000㎡

2 非線引き都市計画区域　…　3,000㎡

② 用途地域が定められている非線引き都市計画区域

…　市街化区域に準じた面積

地域　（　　　　　　　　　　）

評価地積　（　　　　㎡　）

↓ Yes

④ 開発行為を行うとした場合、公共公益的施設用地の負担が必要と認められるか → No → 非該当

※ 公共公益的施設用地として、道路開設の必要性が認められない場合には「NO」

別紙「開発想定図」参照

↓ Yes

財産評価基本通達24-4の「広大地」に該当　∴ 本件評価地について広大地評価を行う

価で申告していることがあります。

税務署に否認されないためとはいえ、消極的といわざるを得ないでしょう。

専門家としてそのような考え方はいかがなものかと思ってしまいますが、実際に広大地を適用すると税務署から否認されることもあります。

判断が難しいために税務訴訟になるケースも珍しくなく、広大地の失念も多くありますが、認められた際の税額への影響は広大地評価1件で数百万から数千万になることもあるので、チャレンジしない手はないでしょう。

広大地の判断が難しい場合には不動産鑑定士に意見書を書いてもらうこともありますが、基本的には「広大地評価のフローチャート」の空欄を埋めて補足意見を書いて添付します。

①大規模工場用地に該当するか

広大地評価のフローチャートの各要件について、説明したいと思います。

「大規模工場用地」とは、一団の工場用地の地積が5万平方メートル以上のものをいう。ただし、路線価地域においては、14－2（地区）の定めにより大工場地区として定められた地域に所在するものに限る。と定められています。

そのため、大規模工場用地の判断は明確だと思います。

②マンション適地か、又は、既にマンション等の敷地用地として開発を終了しているか

マンション適地とは、中高層の集合住宅等の敷地用地のことをいい、下記のものをいいます。

・「中高層」には、原則として「地上階数3以上」のものが該当する。

・「集合住宅地等」には、分譲マンションのほか、賃貸マンション等も含まれる。

原則として、容積率が３００％以上の地域に所在する土地は「マンション適地」に該当することになります。

ただし、容積率が３００％以上であっても、何らかの事情により都市計画法に定めた容積率を活用できない地域の場合には、マンション適地に該当しない可能性もあります。

例えば、都市計画道路予定地による建築制限、道路の幅員、間口狭小による東京都建築安全条例（分譲マンション等の特殊建築物は、路地状部分のみによって接する敷地に建築してはならない。）などが考えられます。

また、マンションが建っている敷地の場合でも、それが「最有効使用」でない場合には、マンション適地ではないことになります。

つまりマンションの敷地であっても、それが「最有効使用」でなければ広大地の可能性があるのです。

よくあるケースだと、地主が建てていることがあります。

地主の場合には、土地の仕入れを考慮する必要がありません。

そのため、建築費用を回収できれば良いことから、「最有効使用」ではないけど、マンションを建てているケースがあるのです。

ここでいう「最有効使用」が何なのかは不動産鑑定評価基準における「最有効使用」が参考になると思います。

【参考】

「不動産の価格は、その不動産の効用が最高度に発揮される可能性に最も富む使用（以下「最有効使用」という）を前提として把握される価格を標準として形成される。

この場合の最有効使用は、現実の社会経済情勢の下で客観的にみて、良識と通常の使用能力を持つ人による合理的かつ合法的な最高最善の使用方法に基づくものである。

なお、ある不動産についての現実の使用方法は、必ずしも最有効使用に基づいているものではなく、不合理な又は個人的な事情による使用方法のために、当該不動産が十分な効用を発揮していない場合があることに留意すべきである。」

③その地域における標準的な宅地の面積に比して著しく面積が広大か

ここの判断でポイントになるのは「標準的な宅地の面積」と「著しく面積が広大」になると思います。

まず、何をもって「著しく面積が広大」なのかを判断する必要がありますが、目安とし

ては各自治体が定める開発許可を要する面積基準以上であれば、可能性が高くなります。（絶対条件ではありません）

面積基準については、原則として下記により判断します。（詳しくは開発指導要綱で確認します。）

（1）市街化区域、非線引き都市計画区域（下記（2）を除く）

・市街化区域

三大都市圏 ……………………… 500㎡

それ以外の地域 ………………… 1,000㎡

・非線引き都市計画区域 ……… 3,000㎡

（2）用途地域が定められている非線引き都市計画区域　…　市街化区域に準じた面積

次に「標準的な宅地の面積」との比較が必要になりますが、最も説得力のある面積は、評価時点に近い周辺の開発事例の面積になると思います。

簡便的に「標準的な宅地の面積」を調べるのであれば、その地域内にある地価公示の標

潰れ地の図

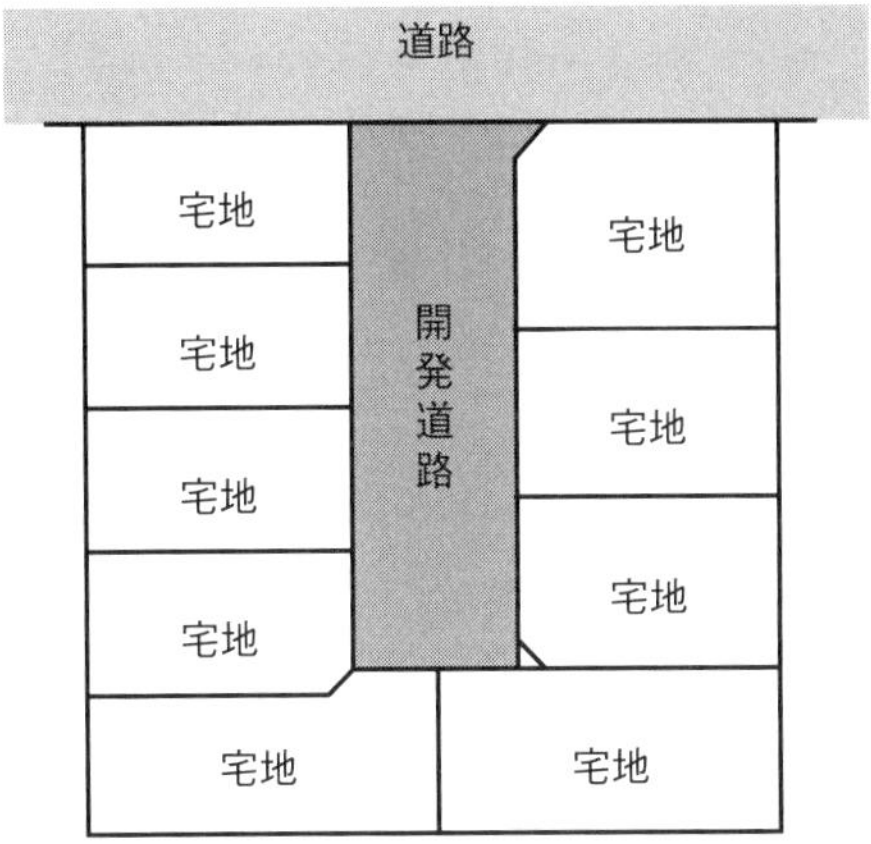

準地や基準地の面積をもって、「標準的な宅地の面積」としても良いと思われます。

ただし、公示地及び基準地として選定された年と相続時点との時期が離れている場合には、近年の戸建分譲開発の1区画の面積の方が小さいケースがあると思います。

④開発行為を行うとした場合、公共公益的施設用地の負担が必要と認められるか

公共公益施設用地の負担とは、分かりやすくいうと、道路を入れて潰れ地が生じるものをいいます。

まずは住宅地図で周辺の区画数や開発道路の有無を確認します。

羊羹切りの図

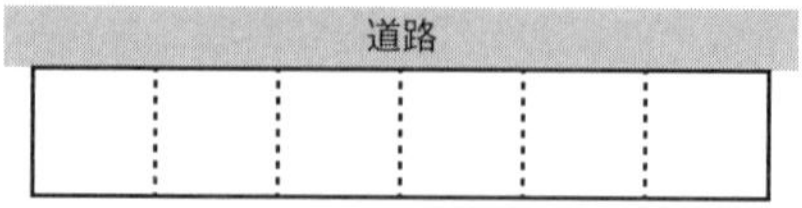

また、道路に面している間口距離が長く、奥行距離が短い場合には道路を開設する必要がなく、羊羹切りのように土地を切ることが可能となることから奥行距離の長さも必要になります。

目安としては、例えば奥行距離が25ｍ以上などのある程度の判断はできると思いますが、接道している道路の数などにもよるため、何ｍ以上かという基準はありませんし、それだけで判断することはできません。

税務署側は旗竿敷地で区画割りすれば、道路開設の必要はないという主張をしてきます。

そのため、道路を開設する必要があるかないかを判断するのは難しいと思いますので、専門家に開発想定図などを作成してもらうと良いでしょう。

道路開設の必要性の有無の判断基準をまとめると下記の通りです。

税務署の主張（敷地延長）

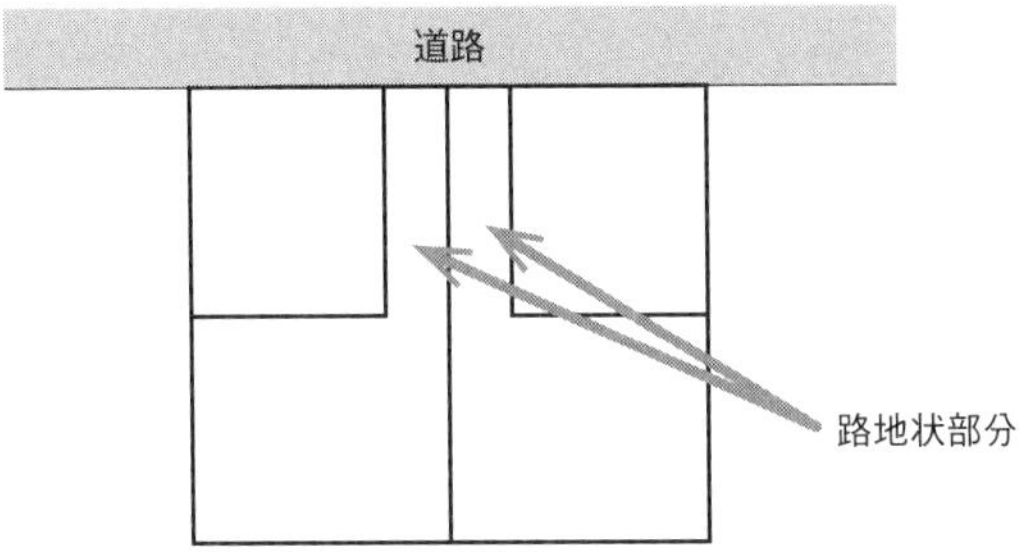

・住宅地図で周辺の区画数や開発道路の有無の確認
・最近の開発事例の把握（開発担当課で開発登録簿等、開発図面を入手して確認）
・開発想定図の作成
・市場の販売価格の確認

※周辺の不動産取引事例から標準的な敷地面積を検討する。

なお、公共公益施設用地の負担の必要性について、資産評価企画官情報第1号（平成17年6月17日）に記載されていますので、参考に一部抜粋したものを掲載します。

【一部抜粋】

「公共公益施設用地の負担の必要性は、経済的に最も合理的に戸建住宅の分譲を行った場合の、当該開発区域内に開設される道路の開設の必要性により判定することが相当である。」

広大地評価は平成30年1月1日以後の相続等からは改正により、評価方法が変更され、かつ、適用判定が容易になりますが、更正の請求が申告期限から5年以内であることから、改正直前である平成29年12月31日に相続が発生した場合には、相続税の申告期限が平成30年10月31日となり、更正の請求の期限は平成35年10月31日となります。

そのため、平成35年10月頃までは改正前の広大地の知識を活用する機会があるといえるでしょう。

狭小地評価

広大地評価は評価額への影響が大きい点と、判定が困難であることから話題になりやすい論点だと思いますが、逆に著しく面積が狭小な宅地の評価については論点として話題になるケースは少ないと思います。

その理由の一つとしては、面積が小さいことから評価額への影響が少ないということでしょう。

あとは、特に狭小地については、財産評価基本通達では規定がありません。

以上の理由から、狭小地については特に議論されることも少なく、通常通り財産評価基本通達に基づいて評価されるケースが多いと思われます。

しかし、狭小地については標準的な面積の宅地と比較して利用勝手が悪く、特に最低敷地面積を下回る場合には建築もできないことから、何ら評価減をしないのは過大評価になってしまう可能性があります。

路線価の高い地域であれば、不動産鑑定評価を検討しても良いでしょう。

しかし、狭小地であることから評価額がそれほど大きくないケースが多いと思われますので、路線価の高い地域など税額への影響が高い場合を除いて、不動産鑑定評価をするのは経済的に現実的ではありません。

実務上は、利用価値が著しく低下している宅地として10％の減額をできるか検討することになると思います。

狭小地として評価減するための明確な基準はありませんが、最低敷地面積を下回るようであれば、検討した方が良いと思います。

私が狭小地として評価減をする場合には、補足説明書を添付し、その中で他の建築制限（又は建築禁止）に関する規定（例えば無道路地、高圧線下、市街化調整区域など）との比較をし、最低敷地面積を下回り建築不可能な宅地については何らかの評価減をすべきである旨の説明とともに、利用価値が著しく低下している宅地と主張し10％の減額を行っています。

セットバックの失念

建築基準法上、道路の幅員は４ｍ以上必要となります。

道路の幅員が４ｍ未満の場合には、建築基準法第42条第２項の規定により、指定を受けている道路、いわゆる２項道路である可能性が高くなります。

２項道路の場合には、将来建物を建て替える際などに道路幅員が４ｍになるように後退（セットバック）しなければなりません。

セットバックは道路の両側を均等にするため、例えば、道路幅員が３ｍの場合には０・５ｍずつセットバックすることになります。

そのため、セットバック予定地については70％の減額が認められていますが、道路の幅員を測っていない税理士、役所調査をしていない税理士が多いため、セットバックの減額を

セットバックのイメージ

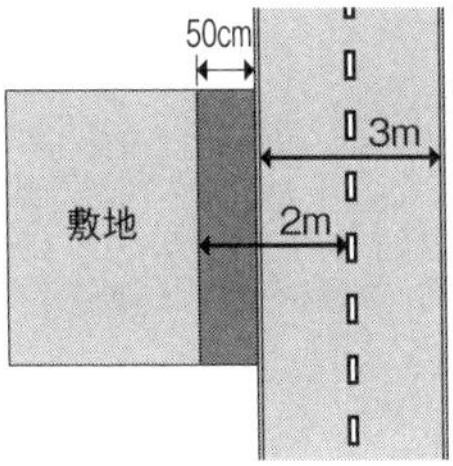

失念しているケースがたくさんあります。
道路が狭いと思ったら評価減の可能性があります。
参考までに建築基準法第42条の道路についてご紹介します。

○建築基準法第42条第1項第1号（1項1号道路）

道路法による道路（国道、県道、市道等）

※原則として、自動車専用道のみに接している敷地には、建築物は建てられません。

○建築基準法第42条第1項第2号（1項2号道路）（開発道路等）

土地区画整理法、都市計画法その他の法令による道路

○建築基準法第42条第1項第3号（1項3号道路）

建築基準法施行時以前より存在する道路

○建築基準法第42条第1項第4号（1項4号道路）

道路法、都市計画法その他の法令により事業計画のある道路で、特定行政庁が指定した

道路

○建築基準法第42条第1項第5号（1項5号道路）（位置指定道路）

土地所有者が築造し、特定行政庁からその位置の指定を受けた道路

○建築基準法第42条第2項（2項道路）（みなし道路）

建築基準法施行の際、現に建築物が立ち並んでいる４ｍ未満の道路で、将来は４ｍに拡幅が可能と特定行政庁が指定した道路

○建築基準法第42条第3項（3項道路）

将来も拡張困難な2項道路の境界線の位置を中心線から１・35ｍ以上２ｍ（３ｍ）未満に緩和する道。※ただし、崖地などは２・７ｍ以上４ｍ（６ｍ）未満

○建築基準法第42条第４項（４項道路）

６ｍ区域内にある道路幅員６ｍ未満の道路で、特定行政庁が認めた道

１号…避難・通行に安全上支障がない幅員４ｍ以上の道

２号…地区計画等に適合した幅員４ｍ以上の道

3号…6m区域指定時に現存していた6m未満の法第42条第1項適用の道路

○建築基準法第42条第5項（5項道路）

6m区域指定時に現に存していた道（4項3号）で幅員4m未満の道。6m区域指定時に境界線とみなされていた線をその道路の境界とみなす。

○建築基準法第42条第6項（6項道路）

幅員1・8m未満の2項道路（建築審査委員会の同意が必要）

※古い城下町に多く見られます。

都市計画道路予定地の失念

都市計画道路予定地の区域内にある宅地については、将来道路となる予定であるため、2階建ての建物しか建築できない等の制限がかかっています。

そのため、都市計画道路予定地の区域内の宅地については評価を減額できるのですが、現地調査をしても都市計画道路予定地の区域内かどうかはわからないことが多いでしょう。きちんと役所調査をして確認をすることになります。

役所で都市計画図を閲覧することで都市計画道路予定地か否かの確認ができます。最近は役所のホームページから閲覧可能なところも増えてきていますので、比較的容易に確認することができます。

容積率の低い地域では減額される金額も低いですが、容積率の高い地域などでは大きな減額につながることがあります。

都市計画道路予定地の有無を確認していない税理士は多いといえます。

容積率の異なる2以上の地域

容積率とは敷地面積に対する建物の延床面積の割合のことです。つまり、その敷地に対してどれくらいの規模（床面積）の建物が建てられるか、という割合のことです。

役所（道路・都市計画等）調査

役所調査(道路・都市計画等)　確認事項

調査日: 平成　　年　　月　　日　※余白に確認した部署と担当者名を記入
評価地の所在地:

① 道路法の道路の確認(道路管理課等)
　道路の幅員（　　　　　m）　道路の名称（　　　　　　　）
　※道路台帳の写しの入手

② 建築基準法上の道路の確認(建築指導課等)

建築基準法上の道路か　—No→　建築可能か　—No→　無道路評価
　建築可能か　—Yes→　その根拠は？
　※建築概要書を入手して確認
建築基準法上の道路か　—Yes→

道路の種別
- □ 第42条1項1号
- □ 第42条1項2号
- □ 第42条1項3号
- □ 第42条1項4号
- □ 第42条1項5号(位置指定道路)※位置指定道路図を入手
- □ 第42条2項(通称は2項道路)
  - ※道路中心線の確認　（　　　　　　　）
- □ その他:（　　　　　　　）

その他、建築制限の有無　（　　　　　　　）
道路の境界　（　　　　　　　）
※道路の途中までの場合もあるので、その場合にはどこまでか確認

③ 用途地域等の確認(都市計画課等)
用途地域　（　　　　　　　）
容積率　（　　　　%）　建ぺい率　（　　　　%）
都市計画道路予定地の有無　（ 有 ・ 無 ）
※都市計画道路予定地にかかっている場合には、図面に落とし込む
地区計画地域等の建築制限の有無の確認　（　　　　　　　）

④ 埋蔵文化財包蔵地の確認(教育委員会等)・土壌汚染の確認(環境対策課等)

評価地が容積率の境にある場合の路線価は、道路に面する地域の容積率を反映しているため、道路に面する地域の容積率と異なる容積率の部分を有しているという個別的な要因が評価額に反映されていないことになります。

そのため、容積率の相違による個別事情を考慮して評価額を減額することができますが、失念しているケースがたくさんあります。

こちらも都市計画道路予定地の確認と同時に、都市計画図を閲覧した際に確認できます。参考までに、役所調査で確認する事項をまとめます。

高圧線下

空を見て高圧線が通っている場合には、建築制限又は建築が全くできないため、減額要素となります。

現地調査をすれば分かることですが、相続税評価に慣れている税理士であれば、住宅地図や路線価図で、鉄塔と鉄塔の間に評価地があるから高圧線が通っているのでは？と予測する事ができます。

しかし、実際にはそこまで気付く税理士は少ないといえるでしょう。

高圧線下の土地であるか否かの調査ポイントをまとめると下記の通りとなります。

①登記簿謄本（全部事項証明）で確認

土地の全部事項証明書の「乙区」で、登記目的「地役権設定」とともに、その概要を確認することができます。

②公図で確認

地役権設定に伴い土地が分筆されている場合には、公図上で平行線上に土地分筆が行われている場合があります。

③住宅地図（又は路線価図）で確認

住宅地図（又は路線価図）に高圧線鉄塔が記載されている場合には、評価地と高圧線鉄塔との位置関係を確認し、高圧線鉄塔と高圧線鉄塔の間にある場合には、高圧線下である可能性があります。

④地役権設定契約書で確認

評価地の所有者が電力会社等と契約した「地役権設定契約書」でその内容を確認することができます。

⑤現地調査

現地の空を見上げることで確認します。

高圧線下である場合には付近の高圧線鉄塔まで行き、鉄塔番号、送電線名称、管理者の連絡先を確認しておきます。

⑥電力会社での確認

契約書や現地にて確認した高圧線管理者である電力会社に次の点を確認します。

・地役権設定の有無
・家屋の建築制限（建築禁止か、高さ、階数等の制限か）

・地役権の及ぶ範囲（地積等）

高圧線下の評価減は建築制限によるものですが、都市計画道路予定地の建築制限による減額と併用適用できます。

騒音による評価減の失念

騒音による評価減を失念しているケースがあります。

ただし、線路沿いで騒音がうるさいからといって必ずしも減額が認められるわけではありません。

路線価に騒音による利用価値の著しい低下が織り込まれている場合もあります。

そのため、評価地の接する路線価に、騒音による減額が織り込まれているか否かの判断が重要になってきます。

図５　騒音による評価減

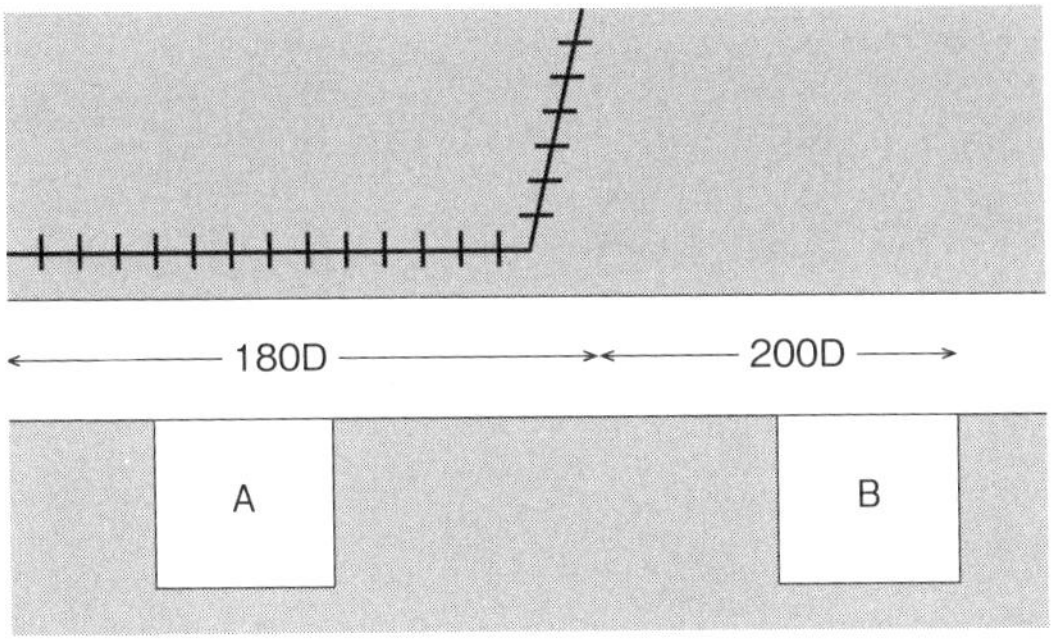

路線価に、騒音による減額が織り込まれていない場合には、騒音の程度（何デシベルか）、時間的発生頻度（どのくらいの頻度で電車が通るか）を確認し、評価減が可能な場合には、利用価値が著しく低下している宅地として10％の減額をします。

各ポイントの判断基準について、説明したいと思います。

○路線価に織り込み済みではないか？（路線価図で周辺との比較）

路線価図を確認し、線路沿いの路線価が、線路から離れたところの路線価と比較して低いようでしたら、路線価に、騒音による減額が織り込み済みであるといえます（図５参照）。

図6　騒音による評価減

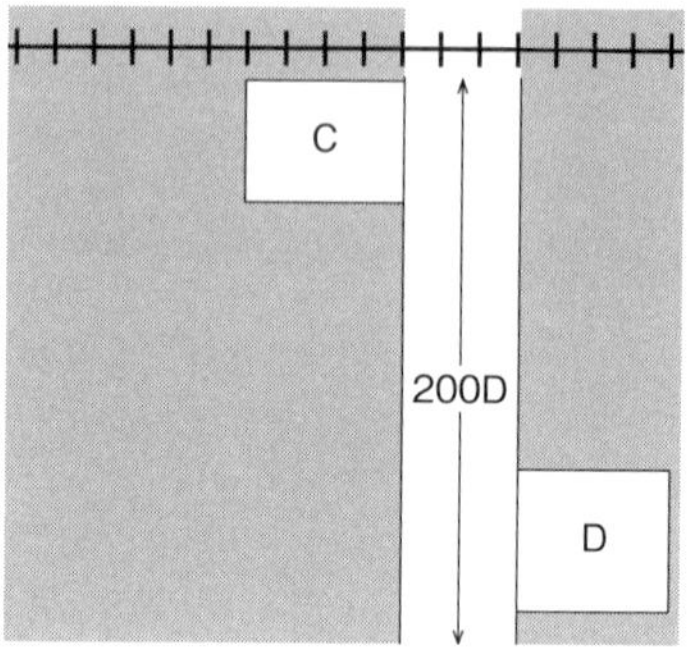

逆に、線路沿いと線路から離れたところで路線価が同じであれば、路線価に、騒音による減額が織り込まれていないといえます（図6参照）。

図5では線路沿いのA土地に接道する路線価が180,000円であり、線路沿いではないB土地に接道する路線価の200,000円と比較して低いことが分かります。

そのため、A土地を評価する際には180,000円の路線価に騒音による減額が織り込み済みであることから、さらに利用価値が著しく低下している宅地としての10%の減額は認められないでしょう。

逆に図6のケースでは、線路沿いのC土地に接道する路線価が200,000円であり、線路から離れた場所にあるＤ土地まで一律２００，０００円であることが分かります。

そのため、２００，０００円の路線価には騒音による減額が織り込まれていないといえます。

Ｃ土地を評価する際には、騒音による利用価値が著しく低下している宅地として10％の減額が認められる可能性が高いといえます。（騒音の程度と時間的発生頻度を確認して判断します。）

○騒音の程度（何デシベルか？）

何デシベル以上ならよいのか、明確な判断基準はありませんが、環境基本法の規定に基づく、騒音に係る環境基準が１つの目安になると思います。

例えば、一般的な住宅街であれば、55デシベルを上回るか否かが目安になりそうですが、そこまで低い（うるさくない）土地で騒音による評価減をしたことがないため、あくまでも目安として考えています。

また、参考となる裁決例がありますので、判断基準を読み取ってみます。

国税不服審判所（平成15年11月14日裁決）

審判所の判断は、

1．鉄道沿線土地の評価に採用されている路線価は、電車走行における騒音・振動の要因が斟酌されていないこと

2．鉄道沿線土地の鉄道沿線から20m以内においては、電車走行による騒音が、環境省の騒音対策における指針である昼間の基準60デシベル、夜間の基準55デシベルの同程度を超えていること

3．分譲地において分譲価額における開差が10％を超える取引事例が存在すること

この裁決例では「鉄道沿線から20m以内」「60デシベル」という数値による判断基準が示されているため、参考になります。

ただし、鉄道沿線から20m以内であれば必ず認められるわけではないと思いますし、60デシベルという数値も、住宅街と商業地域、工業地域で同一の基準で判断するのは合理的

ではないと思います。

あくまでも1つの目安として判断するべきでしょう。

参考までに、私が以前、騒音による評価減をした際の評価地は、86デシベルや94デシベルでした。

私も騒音に関する専門家ではないため、全国の線路沿いがどのくらいのうるささなのか確認してないですが、線路沿いであれば、80デシベルから90デシベルくらいにはなるような気がします。

そのため、線路沿いであれば、うるさいのは当然だと思いますので、私見ですが、騒音の程度（何デシベルか？）で否認されるよりは、他のポイントの方がより重要視されると思います。

○時間的発生頻度（どのくらいの頻度で電車が通るか？）

時間的発生頻度についても、騒音の程度と同様に、明確な基準はありませんが、1時間に1本しか電車が通らないなど極端に頻度が少ない場合には、評価減できないでしょう。

そのため、時刻表などから電車が通る頻度を確認します。始発の時間から終電の時間を調べて、上り、下り、各駅停車、快速など全ての本数を調べて電車が通る時間と頻度の高さを確認すると良いでしょう。

墓地の周辺の土地

近くに墓地がある場合には、評価減できる可能性があります。まずはどのような墓地であれば評価減の対象になるのか検討したいと思います。

○墓地の規模

評価減の対象となる墓地のポイントは周辺の住民が墓地として認識している規模のものかどうかになってくると思います。

例えば小規模な無縁仏のお墓や、敷地内にあるご先祖のお墓で親族しか認知していないようなものは評価減の対象にはならないと思います。

図７ 墓地周辺の土地

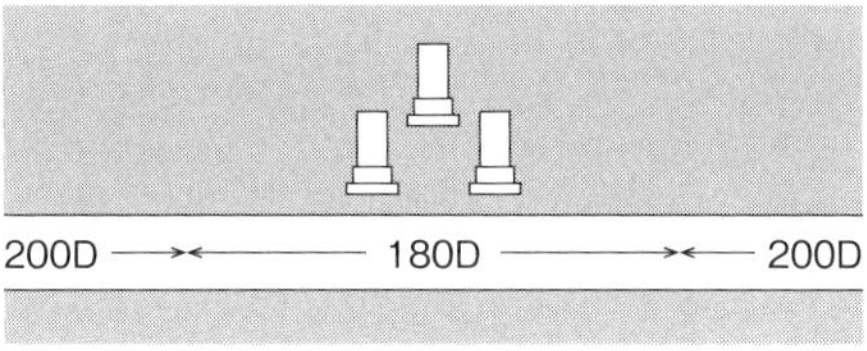

図８　墓地周辺の土地

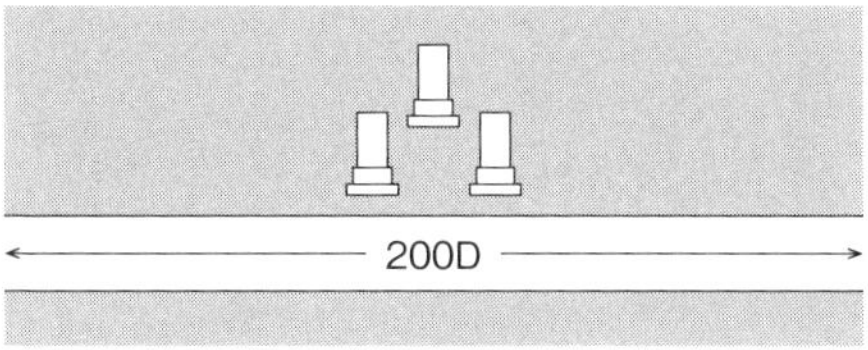

特にご先祖のお墓は所有者の意向で別の場所に移すこともできると思いますので、評価減をする根拠としては弱いでしょう。

そのため、客観的に見て墓地といえる程度の規模は必要だと思います。

○路線価に織り込み済みではないか？（路線価図で周辺との比較）

利用価値が著しく低下している宅地として評価減をする場合には、必ず路線価に織り込み済みではないか確認します。

路線価図を確認し、墓地の正面又は見える範囲内までだけが低いようでしたら、路線価に墓地の近くにあることによる評価減が織り込まれているといえます（図7参照）。

逆に、墓地の正面と墓地から離れたところで路線価が同じであれば、路線価に、墓地の近くにあることによる減額が織り込まれていないといえます（図8参照）。

あとこれは私の個人的な考え（そのため根拠があるわけではありません）ですが、騒音による評価減などは、騒音の及ぶ範囲が広いことから、路線価に騒音による評価減を織り込むことが現実的ですが、墓地の場合には、評価減の及ぶ範囲がかなり限定されると思いますので、墓地の位置を正確に把握し、かつ、墓地の周辺である評価減の及ぶ範囲を限定して路線価に織り込むのは現実的には、墓地が広大である場合など稀なケースではないかと感じています。

イメージで図7を載せましたが、今まで扱った事例で図7のように路線価に、墓地の近くにあることによる減額が織り込まれていると判断したものはありませんでした。たまたま図7のような事例に出会わなかっただけかもしれませんが、図7のようなケースはかなり稀だと感じています。

○どのくらいなら離れても大丈夫か？

客観的に見て墓地といえる程度の規模で、かつ、路線価に織り込まれていない場合には、評価減の対象になってくると思いますが、どの程度の近さである必要があるのか検討が必要です。

まずは、両隣や裏側など隣接している場合には問題なく評価減できると思います。

また、隣接していない場合でも道路の向かい側など真正面に墓地がある場合も問題なく評価減できます（隣接していないと評価減してはダメというような説も聞いたことがありましたが、道路の向かいに墓地がある事例でも更正の請求（相続税還付）が認められて還付を受けられましたので、道路の向かいでも評価減は認められる傾向にあります）。

問題なのは少し離れている場合です。

明確な基準はありませんが、評価地から視界に入る程度の近さであれば、評価減できる可能性があると思います。

例えば２軒から３軒隣くらいです。

評価地から写真を撮って、明確に墓地があると分かるような状態であれば、根拠資料として添付すると良いと思います。

○墓地の確認方法

墓地の有無は現地調査をすることで確認することができますが、例えば評価地の裏側に墓地があって、正面の道路からは見えずらい場合もあります。

見えずらいところに評価減要素がある場合もありますので、第2章でも説明した通り、晴れ又は曇りの日の日中に現地調査をして、見えずらいところこそ、念入りに見に行くようにしましょう。

また、住宅地図でも墓地の有無は確認できます。

現地調査をする前に住宅地図で墓地の有無を確認しておくことで、現地調査の際の見落としを防ぐことができます。

土砂災害警戒区域

土砂災害警戒区域とは、災害から人命や資産を守るために、土砂災害防止法に基づき、土砂災害の恐れがある地域を明らかにし、指定されている区域になります。

具体的な土砂災害とは、急傾斜地の崩壊（傾斜度が30度以上である土地が崩壊する自然現象をいいます）、土石流（山腹が崩壊して生じた土石等又は渓流の土石等が水と一体となって流下する自然現象をいいます）若しくは地滑り（土地の一部が地下水等に起因して滑る自然現象又はこれに伴って移動する自然現象をいいます）又は河道閉塞による湛水（土石等が河道を閉塞したことによって水がたまる自然現象をいいます）を発生原因として国民の生命又は身体に生ずる被害をいいます。

また、土砂災害警戒区域の中でも「建物が破壊され、人命に大きな被害が生ずるおそれがある区域」は土砂災害特別警戒区域に指定されます。

なお、土砂災害警戒区域及び土砂災害特別警戒区域の要件は次の通りです。

【土砂災害警戒区域】

○急傾斜地の崩壊

・傾斜度が30度以上で高さが5m以上の区域

・急傾斜地の上端から水平距離が10m以内の区域

・急傾斜地の下端から急傾斜地の高さの2倍以内の区域（ただし、高さの2倍が50m以上の場合は、下端から50m以内の区域）

○土石流

・土石流の発生のおそれのある渓流において、扇頂部から下流で勾配が2度以上の区域

○地滑り

・地滑り区域（地滑りしている区域または地滑りするおそれのある区域）

・地滑り区域下端から、地滑り地塊の長さに相当する距離（250mを超える場合は、250m）の範囲内の区域

【土砂災害特別警戒区域】

急傾斜の崩壊に伴う土石等の移動等により建築物に作用する力の大きさが、通常の建築物が土石等の移動に対して住民の生命又は身体に著しい危害が生ずるおそれのある崩壊を生ずることなく耐えることのできる力を上回る地域。

ただし、地滑りについては、地滑り地塊の滑りに伴って生じた土石等により力が建築物に作用した時から30分間が経過した時において建築物に作用する力の大きさとし、地滑り区域の下端から最大で60ｍの範囲内の区域。

要件は以上ですが、では、土砂災害警戒区域や土砂災害特別警戒区域に指定されている場合の評価はどのように行うべきでしょうか？

財産評価基本通達では特に規定されていません。

そのため、通達通りに評価をするとなると全く評価減ができないことになります。

しかし、固定資産税評価額の場合には、土砂災害警戒区域や土砂災害特別警戒区域による減額をしているケースが多いと思われます。

減額方法は各自治体によって異なっているようで、面積割合で減額しているところや敷地の一部にかかっていれば一律に減額しているところもあるようです。

私が以前に評価した自治体では、土砂災害特別警戒区域にかかっている土地については、50％の減額をしていました。

当時、他の書物なども調べてみましたが、土砂災害特別警戒区域の場合には、概ね30％程度の減額をする自治体が増えているようです。

以上のことからも、相続税評価額で減額が全く反映されないのは問題があります。

そのため、不動産鑑定評価にするのか、利用価値が著しく低下している宅地として10％の減額か、急傾斜地部分の土地とそれ以外の平坦地で評価方法を変える必要があるのかなど、検討すべき点は多くあります。

まずは、急傾斜地部分と平坦地を分けて説明します。

○急傾斜地部分

急傾斜地部分の地目は、おそらく山林や原野といった地目になってくると思います。

例えば山林の評価の場合ですが、宅地への転用が見込められないと認められる場合には、その山林の価額は、近隣の純山林の価額に比準して評価することになります。

土砂災害警戒区域に指定される傾斜地部分は、傾斜度が30度以上あることからも宅地造成は困難と判断されますので、純山林として評価します。

私が以前に評価した事例では、原野でしたので、純原野として評価をしました。

路線価方式では1，000万円を超える評価でしたが、純原野として評価をしたところ、約7万円の評価になりましたので、1，000万円以上の評価減ができました。

純山林と純原野の評価については、「市街地区域の純山林と純原野」（119ページ参照）で解説します。

○平坦地部分

平坦地については、純山林や純原野として評価することは適正ではありません。

しかし、不動産の売買市場においては、価値は相対的に下がります。

そのため、利用価値が著しく低下している宅地として10％の評価減が認められると思います。

ただし、利用価値が著しく低下している宅地として10％の評価減を行う場合には、路線価に土砂災害警戒区域や土砂災害特別警戒区域として評価減が織り込まれているか否かを検討する必要があります。

また、税額への影響が大きい場合には、不動産鑑定評価を行うことも検討した方が良いでしょう。

○まとめ

土砂災害警戒区域や土砂災害特別警戒区域の評価方法は詳しく解説している書物がほとんどないと思われます。

そのため、どのように評価をするのか頭を抱えている税理士も少なくないと思いますので、以下、簡潔にまとめてみます。

傾斜地部分　→　純山林又は純原野などで評価
平坦地　→　利用価値が著しく低下している宅地として10％の評価減又は不動産鑑定評価

路線価地域を想定して解説しましたが、倍率地域の場合には、固定資産税評価額に土砂災害警戒区域や土砂災害特別警戒区域による評価減が織り込まれているか否かを調査してから倍率表を使って評価することになると思います。

市街化区域の純山林と純原野

市街化区域の山林（市街地山林）については、原則として宅地比準方式で評価することになりますが、宅地への転用が見込めないような山林については、純山林として評価することになります。

この点については、財産評価基本通達49の「なお」書き以降に規定されていますので、参考に一部抜粋します。

【財産評価基本通達49の「なお」書き以降を一部抜粋】

なお、その市街地山林について宅地への転用が見込めないと認められる場合には、その山林の価額は、近隣の純山林の価額に比準して評価する。

(注)

1 「その山林が宅地であるとした場合の1平方メートル当たりの価額」は、その付近にある宅地について11(評価の方式)に定める方式によって評価した1平方メートル当たりの価額を基とし、その宅地とその山林との位置、形状等の条件の差を考慮して評価する。

2 「その市街地山林について宅地への転用が見込めないと認められる場合」とは、その山林を本項本文によって評価した場合の価額が近隣の純山林の価額に比準して評価した価額を下回る場合、又はその山林が急傾斜地等であるために宅地造成ができないと認められる場合をいう。

市街地山林について、純山林として評価する場合の要件を簡潔にまとめると次の通りになります。

1．急傾斜地であるために宅地造成が不可能である（物理的観点）
2．宅地比準方式の評価額が純山林としての評価額を下回る場合（経済的合理性）

物理的観点の急傾斜地についての判断基準は、原則として傾斜度が30度以上か否かで判断します。

また、土砂災害警戒区域や土砂災害特別警戒区域、急傾斜地崩壊危険区域等に指定されている場合には、傾斜度が30度以上であるため、物理的に造成が不可能であると判断できます。

※平成14年6月27日の裁決事例では、傾斜度が28度の市街化農地について、宅地への転用が困難と判断されています。

そのため、傾斜度が30度未満であっても純山林として評価できる可能性は否定できません。なお、補足ですが、この裁決事例では頂上近辺に高圧電線用鉄塔があり、これに関する地役権が設定されていますが、本件土地を畑として使用する場合には、その使用上の制約を受けないとして、これによる減価は斟酌されていません。

純山林も同様に、高圧線下であったとしても純山林として評価する場合には、高圧線下による評価減は適用できないと思われます。

次に経済的合理性の宅地比準方式の評価額が純山林としての評価額を下回る場合ですが、算式で表すと下記のとおりになります。

【算式】

A（宅地比準方式の評価）＜B（純山林として評価）

A＝（その市街地山林が宅地であるとした場合の1㎡当たりの価額－1㎡当たりの宅地造成費の金額）×山林の地積

B＝近隣の純山林の価額に比準して評価した価額

つまり、分かりやすくいうと「宅地化して儲かるか」という視点で判断します。宅地造成費を投下しても、宅地価額から宅地造成費を控除して純山林価額を下回るのであれば、宅地化するメリットがなく、経済的合理性に欠けることになりますので、現状維持（純山林）が良いという結論になります。

また、市街化区域の原野（市街地原野）については、宅地への転用が見込めないような場合の取扱いが財産評価基本通達では明記されていませんが、市街地山林と同様に評価することができます。

つまり、物理的観点または経済的合理性から宅地への転用が見込めないと認められる場合には、その原野の価額は、近隣の純原野の価額に比準して評価することになると思われます。

私が扱ったことがある原野の評価でも「土砂災害警戒区域」（115ページ参照）で解説したとおり、宅地比準方式で1，000万円を超える原野を純原野として約7万円で評価したことがあります。

市街地山林や市街地原野を宅地比準方式で評価している場合には、純山林や純原野として評価することで、大幅に評価を下げることができる可能性があるといえるでしょう。

公図で評価する場合

土地の評価をする際には、測量図に基づき評価をします。

しかし、全ての土地が測量されているわけではありません。

財産評価基本通達8では、「地積は、課税時期における実際の面積による。」と定められていますが、これは、公簿地積と実際地積とが異なるものについて、実際地積によることとする基本的な考え方を定めているものであって、全ての土地について、実測を要求しているものではありません。

そのため、実測していない土地の評価をする際には公図に基づき評価することになります。

公図の精度が高ければあまり問題ないと思いますが、公図の精度が低い場合には、現況と形が異なっている場合もあります。

例えば、現況では隅切りがあるのに公図では隅切りが反映されていないなどです。

隅切り部分は公衆用道路としてゼロ評価できますので、現地で隅切り部分を計って評価に反映させることで評価減できます。

あとは、明らかに現況と公簿地積に差がある場合もあります。

測量図がない場合でも、ゼンリンの住宅地図を５００分の１で印刷して三角スケールで計れば、およその地積は把握できます。

縄縮みしている場合に公簿地積で評価してしまうと、過大評価になってしまいます。

全ての土地に測量をするのは現実的ではないですが、明らかに縄縮みしていて、評価額への影響が大きい場合には、測量することで評価額を下げることができます。

路線価の誤り

この論点は税理士の間違いとはいえませんが、知識の有無で評価額にも影響がでますので、評価額を最大限に下げるという視点からは路線価の定義を把握しておく必要もあります。

まずは路線価の定義から確認します。

路線価の定義は財産評価基本通達14（路線価）に定められていますので、一部抜粋します。

【財産評価基本通達14の一部抜粋】

「路線価」は、宅地の価額がおおむね同一と認められる一連の宅地が面している路線（不特定多数の者の通行の用に供されている道路をいう。以下同じ。）ごとに設定する。

特に重要な要件はカッコ書きの「不特定多数の者の通行の用に供されている道路」となります。

不特定多数の者の通行の用に供されている道路とは、分かりやすくいうと、色んな人が通る道路です。

公道などは色んな人が通るため、不特定多数の者の通行の用に供されている道路に該当します。

逆に不特定多数の者の通行の用に供されている道路ではないものは何なのか？

一般的なものだと行き止まり私道になります。

行き止まり私道はその周りの家に住んでいる人達しか使わない道路になるため、専門用語では「特定の者の通行の用に供されている道路」といいます。

私道でも次のようなものは「不特定多数の者の通行の用に供されている道路」に該当しますが、それ以外のものは「特定の者の通行の用に供されている道路」に該当することになるのです。

①公道から公道へ通り抜けできる私道
②行き止まりの私道であるが、その私道を通行して不特定多数の者が地域等の集会所、地域センター及び公園などの公共施設や商店街等へ出入りしている場合などにおけるその私道
③私道の一部に公共バスの転回場や停留所が設けられており、不特定多数の者が利用している場合などのその私道

道路は以上の通り、2種類に分けられることはご理解いただけたと思います。

図９　路線価の誤り

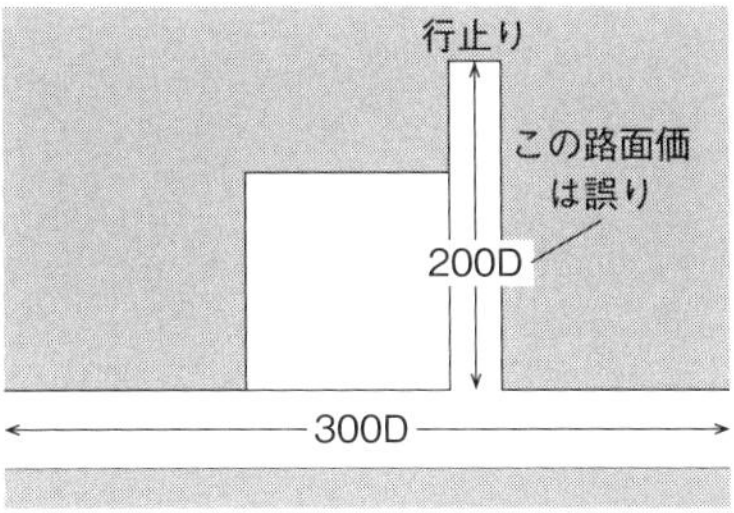

①不特定多数の者の通行の用に供されている道路
②特定の者の通行の用に供されている道路

路線価の要件は「不特定多数の者の通行の用に供されている道路」となりますので、「特定の者の通行の用に供されている道路」には路線価を設定してはいけないことになります。

以上の点を理解した上で路線価を見てみると、行き止まり私道に路線価が設定されているケースがあることに気付くことがあります。

例えば評価地に接道している道路が正面の公道と側面の

行き止まり私道だったとします（図9参照）。

正しく路線価が設定されていれば、公道のみの路線価一方のみに接している土地として評価をすることになります。

しかし、誤って行き止まり私道にも路線価が設定されている場合には、正面の公道と側面の行き止まり私道の二方に接している道路として、側方路線影響加算をしなければならなくなってしまいますが、そもそも路線価が誤っているのであれば、側方路線影響加算をする必要はないでしょう。

ただし、路線価が設定されているのに補足説明もつけずに側方路線影響加算をしない（路線価を無視）で評価した場合には、税務署から指摘される可能性が高いでしょう。

行き止まり私道の路線価を使わないで評価するのであれば、①路線価の定義、②不特定多数の者の通行の用に供されている道路の定義、③行き止まり私道が特定の者の通行の用に供されている道路に該当する旨の説明をまとめて補足資料として提出するか、事前に税務署に相談すると良いでしょう。

税務署の職員でも基本的には路線価の定義をきちんと把握していません。

そのため、税務署に相談する場合には単純に「路線価が間違っていませんか？」と質問しても、「路線価は正しいです」という回答になってしまいます。

路線価の誤りを認めてもらうためには、財産評価基本通達14を提示しながら、不特定多数の者の通行の用に供されている道路が要件になっている点、不特定多数の者の通行の用に供されている道路とは何なのか？そして、評価地に接道する道路が路線価の定義に該当しない理由を順に説明して、反論の余地をなくした上で認めさせる必要があるでしょう。

他の一般的な論点と比較すると、路線価の誤りを認めさせるのには労力を使います。

第４章の事例でも紹介しますが、納税地と評価地の所轄税務署が異なっている場合は、よりやっかいになります。

しかし、評価額を最大限に下げるという点とやりがいという点からも個人的には面白い

図10　路線価の誤りを是正

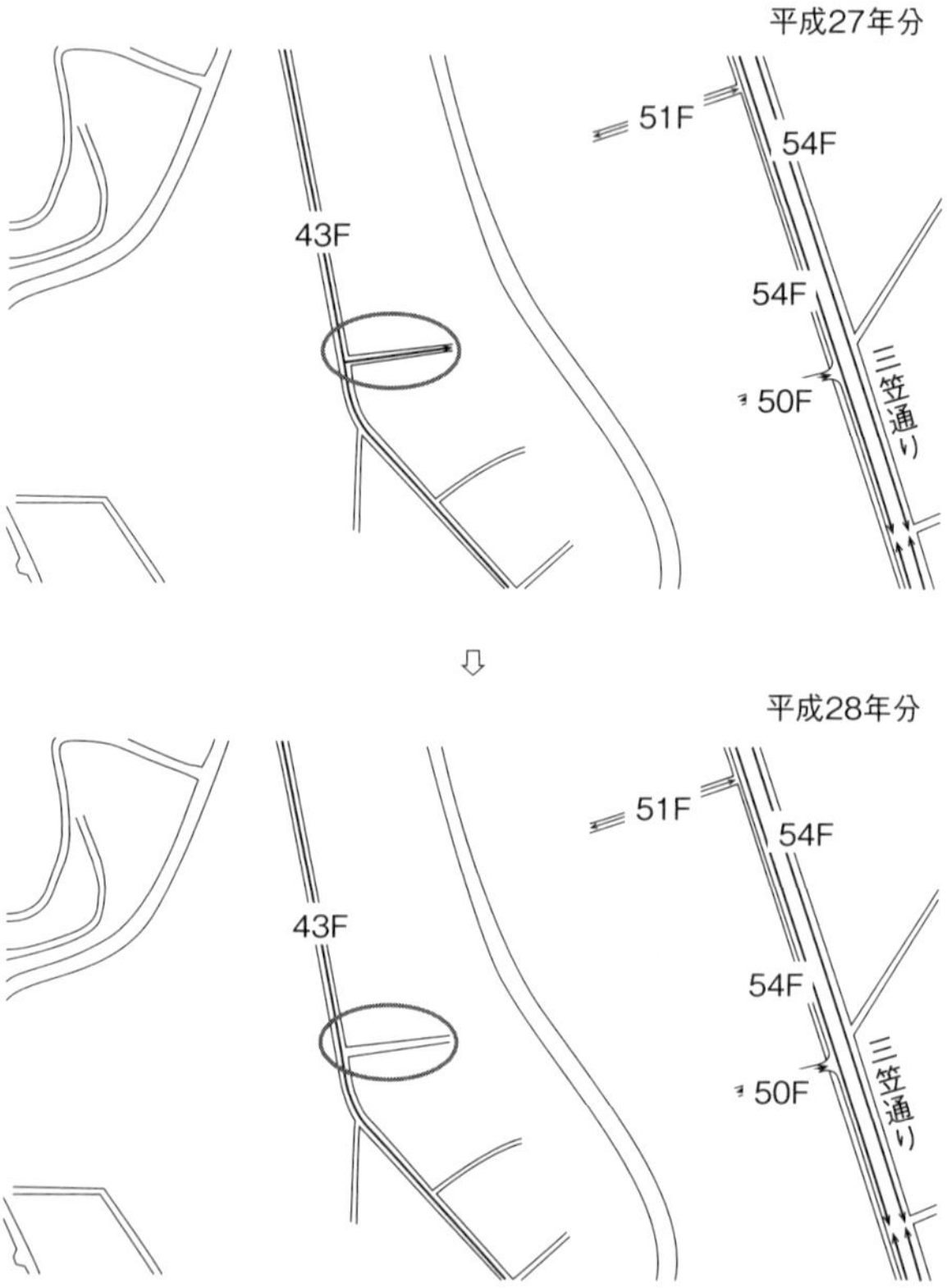

以前に相続税の還付請求をした際に路線価の誤りを指摘して是正してもらったものです。
路線価の定義は「不特定多数の者の通行の用に供されている道路」である必要がありますが、上記の道路は行き止まり私道で、特定の者の通行の用に供されている道路でしたので、本来は路線価が付されてはいけない道路でした。

論点だと感じています。

参考までに、路線価の誤りを認めさせて、翌年から外してもらった際の路線価を掲載します（図10参照）。

建築基準法上の道路ではないところに路線価が設定されている

路線価方式の土地を評価していると、建築基準法上の道路ではないところに路線価が設定されていることがあります。

はたして、建築基準法上の道路ではないところに路線価を設定することは適正なのでしょうか？

以下、検討してみたいと思います。

まず、財産評価基本通達14の路線価の定義では、建築基準法上の道路であることは要件として明記されていません。

不特定多数の者の通行の用に供されている道路であることしか要件として明記されていないのです。

つまり、下記のような事実は路線価の設定にあたって考慮する必要はないと解釈することができます。

・公道であるか私道であるかの区分
・道路法上の道路か否かの区分
・建築基準法上の道路であるか否かの区分

しかしながら、納得できない点がいくつかあります。

まず1つ目は、路線価方式の大前提として、「宅地」の評価を想定していることです。

参考に財産評価基本通達13（路線価方式）を要約して抜粋します。

【財産評価基本通達13の要約】

路線価方式とは、その宅地の面する路線に付された路線価を基とし、一定の定めにより計算した金額によって評価する方式をいう。

「その宅地の面する」と定められていることからも「宅地」の評価を前提にしていることは明らかです。

ここで問題となるのは「宅地」の定義ですが、不動産登記事務取扱手続準則第68条３号によると下記のように定められています。

【不動産登記事務取扱手続準則第68条3号】

建物の敷地及びその維持若しくは効用を果たすために必要な土地。

つまり、建物が建てられる土地になります。

建物を建てられる土地（宅地）の評価を想定している路線価のはずなのに、建物を建てられない道路（建築基準法上の道路ではない）に設定できてしまうのは、合理的ではないと思われます。

2つ目は、特定路線価の設定には建築基準法上の道路であることが要件となっている点です。財産評価基本通達上では明記されていませんが、国税局が公表している「特定路線価設定申出書の提出チェックシート」では建築基準法上の道路であることが要件となっています。

特定路線価は建築基準法上の道路であることが要件とされているのに、路線価では建築基準法上の道路であることが要件とされていないという相違点に合理性があるのか疑問です。

以上のことから、個人的には建築基準法上の道路ではないところに路線価は設定すべき

図11　特定路面価

特定路線価設定申出書の提出チェックシート

フリガナ
申出者氏名：

「特定路線価設定申出書」を提出する場合には、次の事項のチェックをお願いします（原則として、「はい」が全て☑となった方のみ提出できます。）。

1　特定路線価の設定を必要とする年分の路線価は公開されていますか。
- □ はい
- いいえ → 路線価の公開前に提出された場合には、路線価が公開された後の回答になります。

2　特定路線価の設定を必要とする理由は、相続税又は贈与税の申告のためのものですか。
- □ はい
- いいえ → 相続税又は贈与税の申告以外の目的のためには、特定路線価を設定できません。

3　評価する土地等は、「路線価方式」により評価する地域（路線価地域）内にありますか。
※　財産評価基準書（路線価図・評価倍率表）で確認できます。
- □ はい
- いいえ → 「倍率方式」により評価する地域内にある土地等は、固定資産税評価額に所定の倍率を乗じて評価します。

4　評価する土地等は、路線価の設定されていない道路のみに接している土地等ですか。
- □ はい
- いいえ

5　特定路線価を設定したい道路は、評価する土地等の利用者以外の人も利用する道路ですか。
- □ はい
- いいえ

6　特定路線価を設定したい道路は、建物の建築が可能な道路ですか。
※　都県又は市町村の部署（建築指導課等）で確認できます。
- □ はい
- いいえ

（4～6でいいえの場合）

原則として、既存の路線価を基に画地調整等を行って評価します。

例えば、下図の場合、評価対象地が路線価の設定されている道路に接しているので、その路線価を基に評価します。

なお、評価方法など不明な点につきましては、相続税又は贈与税の納税地を管轄する税務署にご相談下さい。
相談の結果、「特定路線価設定申出書」を提出していただく場合もあります。

★　特定路線価は、原則として「建築基準法上の道路等」に設定しています。
「建築基準法上の道路等」とは、
①　「建築基準法第42条第1項1号～5号又は第2項」に規定する道路
②　「建築基準法第43条第1項ただし書」に規定する道路
をいいます。

納税地を管轄する税務署に「特定路線価設定申出書」を提出してください。
※　納税地は、相続税の場合は被相続人の住所地、贈与税の場合は受贈者の住所地となります。

※　「特定路線価設定申出書」の提出時にこのチェックシートも併せて提出してください。
※　財産評価基準書（路線価図・評価倍率表）は国税庁ホームページ【www.rosenka.nta.go.jp】で確認できます。
※　通常、回答までに１か月程度の期間を要します。
※　このチェックシートについての不明な点につきましては、特定路線価を設定する土地等の所在する地域の評定担当署の評価専門官（裏面参照）にご相談下さい。

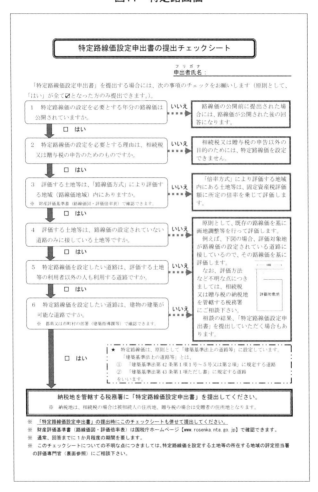

ではないと思っていますが、財産評価基本通達上で明記されていない以上、それだけで路線価が誤っているとまでは主張できないでしょう。

では建築基準法上の道路ではないところに路線価が設定されていた場合には、どのように評価をするべきなのでしょうか？

結論としては、個々の土地で判断するしかないと思います。

例えば、建築基準法上の道路ではないところに設定された路線価を周りの路線価と比較してどの程度の差があるのか？

つまり、建築基準法上の道路ではないという点を考慮して低く設定されているのか、それとも特に考慮されずに建築基準法上の道路と同程度の価額になっているのか検討します。

路線価に、建築基準法上の道路ではない点が考慮されていない場合には、何かしらの評価減をするべきです。
例えば、利用価値が著しく低下している宅地として10％の減額、不動産鑑定評価をするなどでしょうか。
また、二方以上の路線に接しているのであれば、建築基準法上の道路ではない路線価について、側方路線影響加算、二方路線影響加算を除外して評価するなども考えられると思います。

土壌汚染による評価減の失念

土壌汚染地の評価額は下記の算式により評価することになります。

【算式】

土壌汚染地の評価額＝汚染がないものとした場合の評価額―①浄化・改善費用に相当

する金額―②使用収益制限による減価に相当する金額―③心理的要因による減価に相当する金額

①「浄化・改善費用に相当する金額」は土地の相続税評価額水準の80％との整合性を図るため、浄化・改善費用見積額の80％相当額を控除することになります。

②「使用収益制限による減価に相当する金額」とは、土壌汚染の除去以外の措置を実施した場合に、その措置の機能を維持するための利用制限に伴い生ずる減価をいいます。

③「心理的要因による減価（スティグマ）」とは、土壌汚染の存在（あるいは過去に存在した）に起因する心理的な嫌悪感から生ずる減価要因をいいます。

上記の算式のうち、①「浄化・改善費用に相当する金額」の把握は可能だと思いますが、②「使用収益制限による減価に相当する金額」及び③「心理的要因による減価（スティグマ）」をどのようにみるかは、個別に検討せざるを得ないでしょう。

また、土壌汚染による評価減は、評価対象地の土壌汚染の状況が判明している土地であり、土壌汚染の可能性がある等の潜在的段階では土壌汚染地として評価することはできないとされています。

つまり、土壌汚染の有無を立証する必要があります。

土壌汚染の有無を調査するポイントをまとめると、下記の通りとなります。

①役所調査

各自治体の環境対策課で土壌汚染関連の条例、要綱や指導指針等に応じた公開情報を確認します。

主なものとしては、

・「要措置区域台帳」
・「形質変更時要届出区域台帳」

なお、次のような場合には土壌汚染対策法の調査対象となりませんが、土壌汚染又はそれに類する状況である可能性が高くなります。

・操業中の工場用地
・小規模な工場等であった土地で、使用廃止後は事業者の居住用等に用途転換されている場合
・街中に存するクリーニング店やガソリンスタンドの敷地又はその周辺

②登記簿調査

閉鎖登記簿で確認し、過去の所有者が「○○化学工業」等であったり、建物種別が「工場」であった場合には、土壌汚染の可能性があります。

③地図調査等

過去の住宅地図を確認し、かつては工場等であった場合には土壌汚染の可能性があり

ます。

④所有者及び利用者へのヒアリング

所有者及び利用者へのヒアリングをして確認します。

⑤現地調査

現地調査で注意すべき点は左記のとおりとなります。

不自然な盛土、埋立跡、放置物、焼却施設、油漏れ、臭気、表土の変化、植物の枯死、不自然な窪地、野積みドラム缶、焼却灰の処理跡、排水汚染ピット、外部への排水、人工池、排水溝、井戸の配置、地下タンク、危険貯蔵保管庫、化学物質の取扱い、保管庫床面処理等

埋蔵文化財包蔵地による評価減の失念

埋蔵文化財包蔵地の評価額は下記の算式により評価することになります。

【算式】

埋蔵文化財包蔵地の評価額＝埋蔵文化財包蔵地でないものとした場合の評価額―発掘調査費用に相当する金額

「発掘調査費用に相当する金額」は、土地の相続税評価額水準の80％との整合性を図るため、発掘調査費用見積額の80％相当額を控除することになります。

埋蔵文化財包蔵地の調査方法は、教育委員会などの担当部署に照会します。市区町村によってはインターネットで見ることができます。インターネットで確認できない場合には、窓口、電話、ＦＡＸなどで確認します。

調査の結果、埋蔵文化財包蔵地に該当する場合には、発掘調査費用の見積額を出す必要がありますが、実際に発掘調査費用が必要か否かは、行政に届出をして、試掘調査で試しに掘ってみないことには本調査の必要性の有無を判断できません。

しかし、実際に掘削等を伴う工事（建物建築など）を行う計画がないにもかかわらず、試掘調査だけを行政に依頼することはできません。

そのため、実務では付近の発掘履歴や過去の発掘調査費用から類推して業者に見積書を作成してもらい対応することになるでしょう。

また、見積書の作成が難しい場合や、納税額への影響が少ない場合（例えば、あと少し評価額を下げることで小規模宅地等の特例を適用して納税がゼロになるなど）には、簡易的な評価減として、利用価値が著しく低下している宅地として10％の減額をしても良いでしょう。

平成20年9月25日の国税不服審判所の裁決事例では納税者勝訴（発掘調査費用の80％控除が認められた）でしたが、原処分庁側の主張が「文化財保護法による法的規制の程度又は利用上の制約等を検討すると、著しく利用価値が低下しているものと認められることから、10％の減額をする。」というものですので、これを根拠に10％の減額をしてみるのも良いと思います。

造成費控除の失念

市街地農地の評価では、その農地が宅地であるとした場合の価額から、その農地を宅地に転用する場合に通常必要と認められる造成費を控除して評価します。

造成費には大きく分けて「平坦地の宅地造成費」と「傾斜地の宅地造成費」があります。平坦地の宅地造成費としては、整地費、伐採・抜根費、地盤改良費、土盛費、土止費があり、傾斜地の宅地造成費は傾斜度により控除できる金額が決まっています。

整地費などは1㎡当たりの減額は少ないですが、敷地が広大であれば大きな減額になることもあります。

また、駐車場を評価する場合に造成費控除が認められるのか？という点についても説明したいと思います。

まずアスファルト舗装されている場合については、造成費控除をするのは難しいと思います。

そのため、駐車場に造成費控除を適用できる可能性があるのは砂利敷きの駐車場になると思います。

傾斜などがない限りは平坦地の宅地造成費の「整地費」の控除の有無になりますが、要件をまとめると、

①凸凹がある土地の地面を地ならしするための工事費

②土盛工事を要する土地について、土盛工事をした後の地面を地ならしするための工事費

のどちらかになります。

まず②の土盛工事をした後の地ならしですが、こちらは道路との高低差が必要です。道路との高低差がなければ②には該当しませんので、適用の可能性が高いのは①の凸凹がある土地になると思います。

どの程度の凸凹であれば整地費の控除が認められるのか判断が難しいと思いますが、私の経験では砂利敷きの駐車場であれば概ね認められる傾向にあります。

当初申告では金額が少額のためスルーされているだけの可能性もありますが、更正の請求（相続税の還付請求）でも無事に認められてきました。

ただし、国税不服審判所の裁決事例を確認すると砂利敷きの駐車場への宅地造成費（整地費）が否認されているものもあります。

その事例では過去に宅地として利用されていた経緯があり、相続の前に建物を取り壊して駐車場として利用していたため、凸凹はなく、道路との高低差もなかったようです。

そのため、砂利敷きの駐車場だからといって必ず整地費の控除が認められるわけではありませんが、①凸凹があるか②道路と高低差があるかといったところから判断する必要があるでしょう。

生産緑地の失念

生産緑地に指定されている農地等については、買取りの申出をすることができることとなる日までの期間に応じて、一定の割合で減額ができます。

役所調査をすることで生産緑地に指定されているか確認できますが、失念しているケースが数多くあります。

固定資産税がただ同然に安い場合には、生産緑地に指定されている可能性が高くなります。慣れている税理士であれば、そういうところで判断をする事ができますが、慣れていない税理士ですとそういうところも見逃してしまうのでしょう。

図12　生産緑地

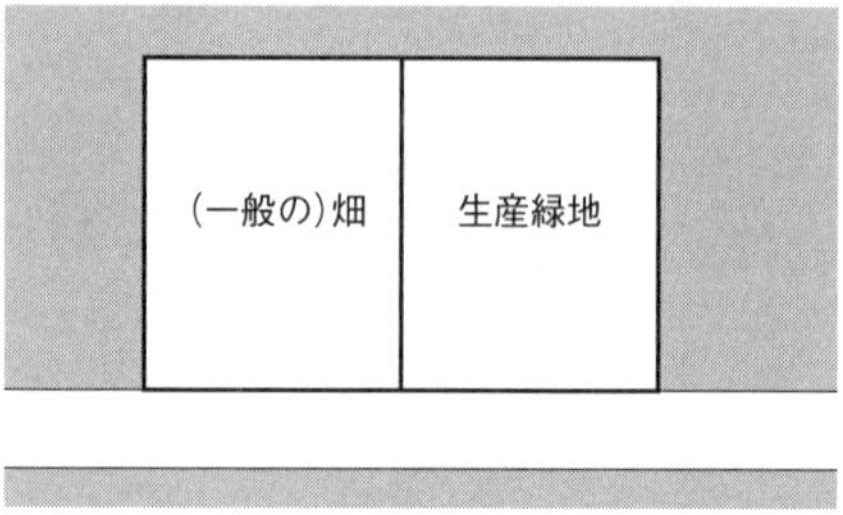

市街地農地のうちに生産緑地が存する場合には、
それぞれを区分し、別単位として評価します。

生産緑地の確認をする際には、被相続人が主たる従事者であるかどうかも確認します。

被相続人が主たる従事者である場合には、買取りの申出ができる生産緑地として、５％のみ減額をすることになります。

また、市街地農地のうち生産緑地に該当するものと該当しないものがある場合には、それぞれを区分し、別単位として評価します。

なお、広大地に該当する場合には、広大地補正と生産緑地の補正を併用することができます。

市街化調整区域内の雑種地の建築制限

市街化調整区域内にある雑種地の評価をする場合には、近傍地が農地、山林、原野等（以下「農地等」という）なのか否か確認します。

近傍地が農地等である場合には農地等比準で評価します。

近傍地が農地等でなければ宅地比準により評価をします。

ここで判断が難しい点は、宅地比準により評価をする際に、建物の建築ができるか否かにより評価の減額割合が異なる点です。

店舗等の建築が可能な幹線道路沿いや市街化区域との境界付近である場合には、減額の斟酌割合はゼロとして評価します。

この場合には建物の建築が可能であることから、地積が広大である場合には広大地評価の可能性についても検討できます。

また、建築制限を受ける場合には、法規制を受ける程度によって減額の斟酌割合は30％

又は50％となります。

なお、建築制限による減額が50％の場合には、仮に無道路の場合でも無道路地補正との併用適用は認められません。

理由としては、無道路地の評価は、そもそも建築制限による減価であると解されるところ、無道路地として評価した価額から、更に建築制限による50％の減価をしてしまうと、建築制限による減価を二重に行うこととなり不相当と考えられるからです。

この建築制限による減価の考え方は、非線引き都市計画区域内に存する雑種地の評価ですが、国税不服審判所裁決事例（平成19年6月22日裁決）の考え方が参考になります。

※同じ建築制限でも、都市計画道路予定地と高圧線下のように併用適用が認められるものもありますので、注意が必要です。

参考までに私が評価をする際に添付する「市街化調整区域内雑種地の評価のフローチャート」（図13）を載せておきます。

図13　市街化調整区域内雑種地の評価のフローチャート

市街化調整区域内雑種地の評価のフローチャート

評価地の所在地：

① 近傍地が農地、山林、原野等（以下「農地等」という）か → Yes → 農地等比準

※ 名寄帳、評価証明書等で固定資産税評価額を地積で除して単価を確認することで、宅地比準か農地等比準かの参考になる
実際には現地調査・役所調査で正確に判断する

↓ No

② 宅地比準により評価を行う。
店舗等の建築が可能な幹線道路沿いや市街化区域との境界付近か → Yes → 斟酌割合0%
※広大地の可能性について検討

※ 都市計画法第34条第11号の条例指定区域に該当し、一般住宅、共同住宅等の建築を目的とした開発行為も認められるか確認

↓ No

③ 幹線道路沿いや市街化区域との境界付近にあって、市街化の影響度を受けるとともに、市街化調整区域による法的規制は受けるが、沿道サービス施設等一定の用途であれば建築が許可されるか → Yes → 斟酌割合30%
※広大地は不可

※ 例えば都市計画法34条第1号の日用品店舗等、第9号の沿道サービス施設であれば開発又は建築が可能な土地

↓ No

④ 市街化調整区域の土地として一般的な法規制を受ける → Yes → 斟酌割合50%
※広大地は不可

つまり開発行為や建築が許可されずに、駐車場や資材置場等の低利用に留まる

上記のフローチャートにより判定した結果、本件評価地は○○比準価額方式による評価を行い、斟酌割合は○○%とする。

また、宅地造成費として○○地の場合の造成費として「○○費」を控除する。
※別紙「宅地造成費の金額表」参照

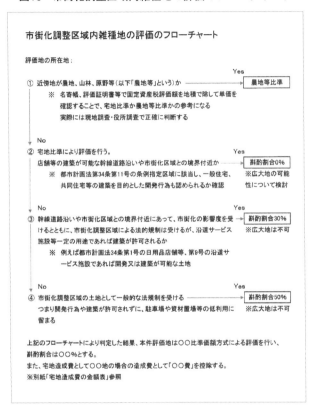

また、市街化調整区域内の雑種地を宅地比準方式で評価する際に、宅地造成費控除を失念している申告書をよく見かけます。

具体的な評価方法は下記の算式の通りとなりますので、見落としに注意をする必要があります。

【算式】

市街化調整区域内雑種地の評価額＝（宅地であるとした場合の１㎡当たりの価額×画地補正率×（１－建築制限の斟酌割合）－１㎡当たりの宅地造成費）×地積

宅地であるとした場合の１㎡当たりの価額は、近傍宅地の固定資産税評価額に評価倍率を乗じて求めます。

近傍宅地の固定資産税評価額については、下記のいずれかの方法で確認すると良いでしょう。

①固定資産税路線価
②役所で近傍宅地の固定資産税評価額を確認（評価証明書の備考欄に記載してもらう）
　画地補正は「普通住宅地区」の各種補正率を採用します。

　また、二方以上の道路に接している場合の評価方法について解説している書籍がおそらくないと思いますが、二方以上に接している場合でも、特に側方路線影響加算等は行いません。

自用地、貸宅地などの権利の区分ミス

　自分自身で使っている土地（自宅やお店など）については自用地評価となりますが、人に貸している土地については貸宅地として借地権を控除して評価することができます。

　また、建物を賃貸している場合には、土地の評価について貸家建付地として評価することができます。

　流石にこれらの権利の区分ミスは多くはないですが、中には失念してしまっているケースがあります。

　万が一、権利の区分ミスで減額の失念をしているケースだと納税額に大きな影響がでてきます。

貸家建付地の一時的な空室

　賃貸アパートや賃貸マンションの評価をするにあたって、賃貸割合というものを考慮することになります。

　計算式としては、

自用地評価額×（1－借地権割合×借家権割合×賃貸割合）

となっています。

そのため、満室であれば賃貸割合は１００％となり、空室があると賃貸割合が少なることから評価額が上がってしまいます。

空室がある場合　＞　満室の場合

ただし空室がある場合でも、今まで継続的に賃貸されてきたもので、賃借人が亡くなった時において、一時的に空室だったと認められる部屋がある場合には、その部屋を賃貸されているものとして賃貸割合を計算することができます。

なお、一時的な空室の要件は次の事実関係などから総合的に判断することになります。

①各独立部分が課税時期前に継続的に賃貸されてきたものかどうか
②賃借人の退去後速やかに新たな賃借人の募集が行われたかどうか
③空室の期間、他の用途に供されていないかどうか
④空室の期間が課税時期の前後の例えば1ヵ月程度であるなど一時的な期間であったかどうか
⑤課税時期後の賃貸が一時的なものではないかどうか

上記の④では「例えば1ヵ月程度」と記載されていることから、かなり短い期間でないと一時的な空室とは認められないと判断する税理士も多くいます。

しかし、「1ヵ月」は絶対的な要件にはなっていません。

それ以外の要件を満たしているのであれば、総合的に判断して「一時的な空室」と主張できます。

あくまでも「例えば1ヵ月程度」というのは例示です。

複数の税務署に問い合わせをしたこともありますが、概ね1年前後までは認めてもらえる傾向にありました。

しかしながら、平成29年5月11日に大阪高裁の判決で5カ月以上の空室は長期間（一時的ではない）と判断しています。

そのため、今後の実務では「5カ月」が1つの判断ポイントになりそうです。

ただし、空室期間が重要と示されたものの、総合的に判断するという点は変わりませんので、その他の事実関係から空室期間が5カ月以上でも「一時的な空室」と認められる可能性がゼロではないと思われます。

また、相続税の申告書を見直ししていると、中にはサブリース契約をしているのに、空室部分を賃貸割合から除いてしまっているものを、たまに見かけます。

サブリース契約は、転貸を目的とした一括借上げのことで、不動産所有者の立場では不動産会社に対して一括で貸していることになります。

そのため、賃貸割合は100%になるのですが、誤って賃貸割合を計算してしまうと過大評価になってしまいます。

賃貸アパートなどを評価する際には必ず、契約形態を確認する必要があります。

共有名義の貸家建付地

土地と建物が共有であったり、土地と建物で共有割合が異なっていると評価もややこしくなってきます。

そのため評価を誤ってしまう税理士も多くいるため、ここでは2つのパターンで評価方法をご紹介します。

①土地と建物の所有割合が異なる場合

共有名義の貸家建付地については、例えば土地の所有者が100%被相続人で、建物の所有者が被相続人の持ち分2分の1、相続人である長男の持ち分2分の1である場合には、長男は土地の持ち分がないため、建物の持ち分である2分の1相当につき、使用貸借となり、土地の評価にあたって2分の1は貸家建付地評価、残りの2分の1は自用地評価となります。

したがって、貸家建付地の評価上、賃貸割合は50％で評価するのです。

②土地と建物の所有割合が同じである場合

土地と建物の所有割合が同じである場合には、民法上、下記のように定められています。

【民法第２４９条（共有物の使用）】

各共有者は、共有物の全部について、その持分に応じた使用をすることができる。

民法上の解釈からも土地と建物の所有割合が同じである場合には、土地の持ち分に応じた建物を所有することは当然のことであり、共有者間での使用貸借にはあたらないと考えられます。

したがって、貸家建付地の評価上、賃貸割合は１００％で評価するのです。

税理士でも相続税に精通していないと、上記①と②のように評価の取扱いが異なるという点を理解していません。

実際にあった案件では、上記②の土地と建物の所有割合が同じであるため賃貸割合を100%で評価できるところ、税務調査で賃貸割合を50%と指摘され、応じてしまっている修正申告書を見たことがあります。

そのため、その税務調査で指摘されて修正申告に応じた部分についても、見直しで覆し、還付に成功しました。

税理士だけでなく、税務署もよく理解できていない論点であったといえるでしょう。

使用貸借

使用貸借とは無償での貸借のことをいいます。

一般的には親子間などでの土地の貸借が多いと思います。

使用貸借は基本的には自用地として評価をすることになりますが、必ず自用地評価になるわけではありません。

使用貸借の土地で、建物が昭和46年以前に建築されている場合（使用貸借が昭和46年以前）には、貸宅地評価をする事ができます。

しかし、使用貸借＝自用地評価にしてしまっている税理士が多くいます。

論点として多く出てくるものではないですが、失念しやすい論点です。

また、賃貸物件である土地建物のうち、生前に建物のみを贈与している場合も、貸家建付地評価ができる可能性があります。

例えば親Ａが賃貸物件である土地と建物を所有しており、建物利用者であるＣに賃貸していた場合の土地の評価は貸家建付地になります。

その建物について、親Ａの長男であるＢに生前に贈与して、地代を収受しない場合に

図13　使用貸借

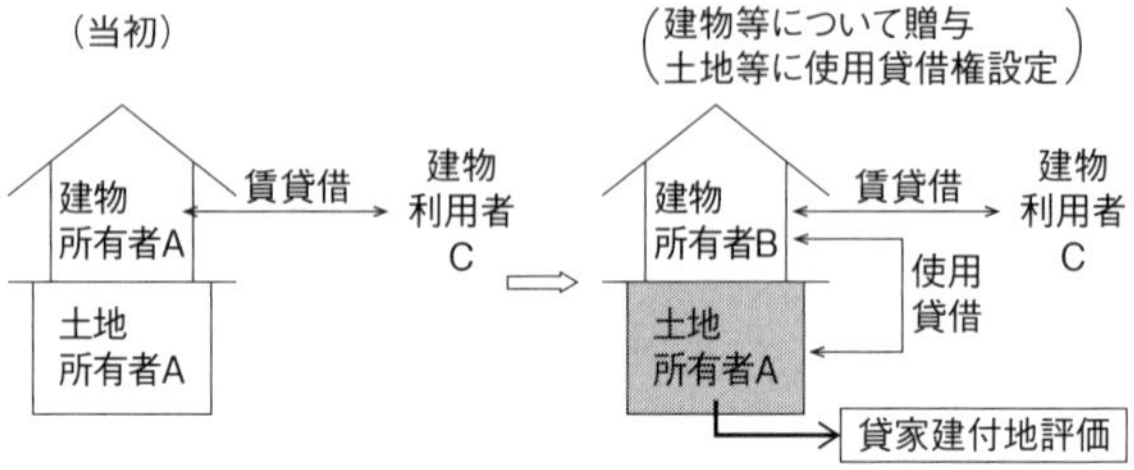

出所：笹岡宏保『具体事例による財産評価の実務Ｉ』　P.941

は、土地を長男Bに使用貸借していることになるため、自用地評価になるのでは？と疑問が生じると思います。

しかし、使用貸借が開始する前から建物の賃貸借がされていたものについては、貸家建付地として取り扱うべきものと考えられますので、自用地評価ではなく、貸家建付地として評価することになります。

ただし、この場合の貸家建付地として評価されるのは建物利用者に変更がない場合に限られます。

仮に生前贈与した後に、建物利用者に変更があった場合（例えば旧建物利用者Cから新建物利用者D）には、旧建物利用者Cとの賃貸借契約を解約し、長男Bが新建物利用者Dと新たに賃貸借契約をすることになりますので、土地の評価は貸家建付地ではなく、通常の使用貸借と同様に自用地として評価をすることになります。

※借家権に譲渡性があり、借家権の譲渡がされている場合はまた異なる取扱いとなります。

賃貸物件の建物を生前に贈与している場合には、課税時期（相続開始日）の建物利用者が生前贈与をした時と同じか否か確認する必要があります。

行き止まり私道の貸宅地及び貸家建付地評価

行き止まり私道の場合には、もっぱら特定の者のみが通行の用に供する私道として、自用地評価額の30％相当額で評価します。

ここまではほとんどの税理士が把握して計算していますが、周りの宅地が貸宅地である場合の貸宅地内にある私道の評価で次のような失念が目立ちます。

貸宅地内にある私道の評価は、私道として30％の割合を乗じて評価した価額に、さらにその私道を貸宅地として評価するのですが、貸宅地としての評価が失念しているものが数多くあります。

この考え方は貸家建付地の場合も同様です。

私道の評価なので、そこまで金額のインパクトは大きくないですが、減額できるものは減額したいものです。

また、補足ですが、私道についても要件を満たせば小規模宅地等の特例を適用することができます。

限度面積まで小規模宅地等の特例を適用していない場合には、私道についても忘れずに適用します。

図14　私道

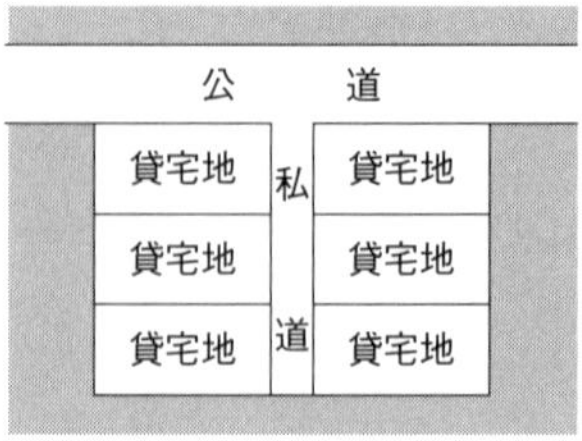

建物が滅失し課税時期に存在していない貸地の評価

まずは貸宅地の評価方法の確認ですが、貸宅地とは、建物の所有を目的として貸している土地（地主側）のことで、下記の算式で評価することになります。

【算式】

自用地評価額×（1－借地権割合）

借地権の定義は、建物の所有を目的とした地上権又は賃借権となりますので、貸宅地として評価するためには基本的に借主側が建物を建てている必要があります。

では、建物が滅失している場合には借地権も消滅してしまうのでしょうか？

以下で順を追って説明したいと思います。

【借地権の存続期間】

平成４年８月１日に借地借家法が施工されました。

そのため、借地権が平成4年8月1日前に設定されたものなのか、平成4年8月1日以降に新規に設定されたものなのかにより取り扱いが異なりますが、実務上、平成4年8月1日以降に新規に普通借地権を設定される事例は非常に珍しいと思いますので、平成4年8月1日以前から借地権が設定されていた前提とします。

借地借家法の施行に伴い借地法は廃止されましたが、借地借家法の施工前（平成4年8月1日前）から存続する借地権については、継続して借地法が適用されます。

そして借地法2条1項は、建物が朽廃した場合を除き、借地上の建物が取壊しなどにより滅失しても借地権は消滅しないと解されています。

この場合の朽廃とは、建物が自然に腐食して、建物としての使用に耐えなくなった状態になることで、朽廃したかどうかは、建物全体を観察して決めなければならず、建物を構成する各部分の材料は腐っても、建物として使用できる状態であれば、まだ朽廃したとはいえないとされています。

つまり建物が存在しないだけでは借地権が消滅したとは言えないのです。

【朽廃と滅失】

朽廃と滅失は区分され、建物が滅失しても借地権は消滅せず、この場合の滅失とは、人工的滅失、自然的滅失を問わず、滅失して建物としての存在がなくなることをさしていると解されています。

また、建物が滅失した後、借地権者が行う新建物の再築は借地権が存続している間になされればよく、滅失から再築までの時間的間隔に制限はないとされています。

【まとめ】

以上のことからも、建物が滅失したというだけでは借地権は消滅しないことになります。

・建物が朽廃した　↓　借地権が消滅
・建物が滅失した　↓　これだけでは借地権は消滅しない

そのため、仮に建物が滅失していても、借主が土地の使用を継続して地代を支払っており、再築の利用計画を策定している場合などには貸宅地として評価できる可能性があります。

自社株

自社株とは、ほとんどのものは家族経営の会社など同族で株式を所有している株式となります。

上場株と違って株の売買が行われないため、取引相場のない株式として評価をすることとなります。

この取引相場のない株式の評価は、相続財産の中でも一番評価が難しく、相続に慣れていない税理士ではまともに評価することができません。

ただ、結果的に、日本では赤字の会社が多く、純資産がマイナスであればゼロ評価となるため、問題にならないケースが多いですが、純資産がプラスで評価額が出る場合には要注意となります。

特に株価が億単位になるようなケースでは、大幅な減額ができる事があります。

債務の計上漏れ

被相続人が残した借入金などの債務は、相続税の計算上、控除することができます。

ここで差し引く事ができる債務は、被相続人が死亡したときにあった債務で、確実と認められるものです。

例えば、1月から3月など年の初めのほうで亡くなっている場合には、固定資産税や住民税などの税金は春に納付書が送られてくるため、債務控除が必ず発生するのですが、失念しているケースがよくあります。

また、賃貸アパートなどがある場合には、預り敷金があることがほとんどであり、預り敷金も債務控除できますが、失念しているケースがよくあります。

他にも医療費など、被相続人が亡くなった後に支払ったものは債務控除ができます。相続開始日後に支払った債務がないか、きちんと確認することが大切です。

逆に債務控除ができない項目として、相続税申告の税理士報酬などがありますが、計上してはいけないのに計上していて、還付金額が減ってしまったケースなどもありました。

香典返しと会葬お礼

香典返しは葬式費用にはならないということは、ほとんどの税理士が把握しています。

しかし、会葬お礼については、会葬者に対して一律に配られるものであることから香典返しには該当しないものになります。

つまり会葬お礼は、通常、葬式、通夜の会葬者、参列者、弔問客等に対して、謝意を表する意味で一律に配られるものですが、いわゆる香典返しとは異なり、香典に対する答礼としても意味を持っていません。

したがって、葬式の前後に生じた出費で、通常葬式に伴うものとして、相続税の課税価額の計算上、「葬式費用」に含めて控除することができます。

ところが、お返し＝香典返しと判断している税理士は多いと思われます。

なお、会葬お礼を葬式費用として控除するためには、別途香典返しが支出されているか確認します。

ここまできちんと確認している税理士はかなり稀なケースですが、本来は確認するべきでしょう。

投資信託の評価

投資信託の評価では、基準価額から信託財産留保額及び解約手数料、源泉所得税を控除できるのですが、証券会社が発行した残高証明書に記載されている評価額（基準価額）をそのまま計上している税理士が多くいます。

証券会社や銀行は税理士ではありません。

税金に関しては素人ですから、証券会社や銀行が出した評価額をそのまま確認もせずに使うことは本来であれば考えられません。

金額が大きい場合には、信託財産留保額及び解約手数料も数百万単位になることもありますので、税額への影響が大きくなることもあります。

国債の評価

国債の評価は、額面金額に既経過利息を加算し、中途換金調整額を控除して評価します。

しかし、額面金額のままで申告している税理士も見受けられます。

金額のインパクトはかなり低いため、国債の評価の見直しのみで還付請求は現実的ではありませんが、税理士の力量を確認する項目としては確認しやすいと思います。

もし、国債の評価が額面金額のままである場合には、いい加減な税理士である可能性が高くなりますので、ほかにも減額要素が見つかる可能性は高いといえます。

参考までに、個人向け国債の具体的な相続税評価額の算式を紹介します。

【算式】
額面金額　＋　経過利子相当額　－　中途換金調整額

未支給年金

未支給年金は民法上の相続財産に該当せず、税法上でも受取人の一時所得として課税されます。

そのため、相続税の計算上、財産として計上する必要がないのですが、計上してしまっている税理士も多くいます。

なぜ相続財産にならないのかという話になりますと少し難しくなりますが、未支給年金を請求できる者の順位は国民年金法で規定されていて、民法上の相続順位とは異なっています。

未支給年金を請求できる権利は、国民年金法で規定する遺族が原始的に取得するものであるため、未支給年金は被相続人の本来の相続財産にはあたらないということになります。

そのため、何でもかんでも未収入金として計上してしまっている場合には、未支給年金のように計上しなくてもよいものまで相続財産に計上して相続税を納め過ぎてしまうケースがあるのです。

相続を専門にしていない税理士ですと、相続財産になるか否かの判断ができていないことがよくあります。

計算ミス

税理士に相続税の申告を依頼した場合には、通常、システムに入力して申告書を作成するため、自動計算されます。

そのため、単純な計算ミスが発生することはほとんどありません。

しかし、遺産分割の方針を決める際など、税金のシミュレーションをすることは多々あります。

シミュレーションをするために申告書のシステムで強制入力に切り替えて計算することもあります。

おそらく、シミュレーションのために強制入力にした結果だと思いますが、稀に単純な計算ミスをしている申告書を見かけることがあります。

実際にあった事例ですと、小規模宅地等の特例の計算が一致しないものがありました。

更正の請求書を作成する場合には、まず当初申告の内容をシステムに入力してから見直しをした財産の金額などを修正していきます。

そのため、当初申告の内容を入力した段階で、計算結果が一致しているのか確認するのですが、この事例では納税額などが一致しませんでした。

どこが間違っているのか確認すると、小規模宅地等の特例の計算が一致しておらず、電卓で計算したところ、当初申告の計算が誤っていることが判明したのです。

小規模宅地等の特例は選択替えなどについては、更正の請求の対象外になりますが、この事例は単純な計算ミスでしたので、更正の請求で無事に還付を受けることができました。

私もシミュレーションを行うために強制入力を行ったり、シミュレーションのための数値を入力することがあります。

税理士としては、自動計算に戻し、かつ、自身でも計算してミスがないか確認する必要があるといえます。

今は電子化が進んでおり、パソコン上でチェックをする方も多いとは思いますが、紙で印刷してチェックすることで、単純な計算ミスはかなり防げると思います。

生前贈与加算のミス

財産評価ではありませんが、生前贈与加算の対象者を間違えている申告書を見かけることがあります。

生前贈与加算の要件は相続税法第19条（相続開始前三年以内に贈与があった場合の相続税額）によると「相続又は遺贈により財産を取得した者が当該相続の開始前三年以内に当該相続に係る被相続人から贈与により財産を取得したことがある場合」となっています。

特に見落としのあるところは「相続又は遺贈により財産を取得した者」です。つまり、相続又は遺贈により財産を取得しなければ、生前贈与加算の対象にはならないのです。

具体的には、相続人ではない孫に生前贈与している場合などがあると思います。孫でも代襲相続している場合や遺言により遺贈を受けている場合は別ですが、何も相続していない孫の場合には、生前贈与加算をする必要がありません。

しかし、相続税の申告書を見直しすると、生前贈与加算の対象ならない人に生前贈与加算をしてしまっているものを見かけることがあります。

私が以前に見直しをした事例でも、この生前贈与加算のミスだけで約２００万円過大納付となっていました。

また、補足ですが「相続又は遺贈により財産を取得」には生命保険金等や退職手当金等のみなし相続財産も含まれることになります。

そのため、たとえ、生命保険金等の非課税枠の範囲内のみを取得した者（つまり相続税の申告書第1表の①取得財産の価額が0円になる場合）であっても、財産を取得したという事実には何ら変わりはないことになりますので、生前贈与加算の対象になります。

生前贈与加算は基本的な論点ですが、うっかりミスをする税理士もいますので、注意が必要です。

還付の可能性の調査項目一覧（参考）

ここまで、税理士が間違いやすいポイントをいくつか紹介しましたが、次に参考として、不動産評価で調査すべき項目の一覧を箇条書きします。

現地調査で確認すべき項目

○土地の形状（測量図がない場合に、公図と形状が一致しているか）
※例えば、隅切りの有無や間口距離、奥行距離など
○間口距離（接道義務をみたしているかなど）
○奥行距離
○地積（測量図がない場合に、縄伸び縄縮みの可能性の有無）
○広大地はないか
○狭小地はないか
○道路幅員（セットバックの可能性）

○隣地に墓地がないか
○線路沿い等の騒音の有無
○悪臭がしないか
○大きな高低差がないか
○日当たりが悪くないか
○道路との間に水路がないか
○がけ地等斜面になってないか
○土地の上に高圧線が通ってないか（住宅地図でも、鉄塔と鉄塔の間にある場合には可能性が高いと判断可能）
○庭内紳しの有無
○駐車場について、駐車場の施設を利用者の費用で造っているか
※賃借権の有無の確認
○農地・雑種地の評価等で造成費控除の可能性（整地費、伐採・抜根等）

○生産緑地であるかの確認
○工場、クリーニング店など土壌汚染の可能性
○建物の古さ（固定資産税評価額からリフォーム費用等を控除できないか）
○行き止まり私道に路線価が付されている場合に、外せる可能性がないか
○その他、減額の可能性があるか判断に迷ったら、写真を念入りに撮影し、後日検討

その他相続人へのヒアリング等の確認事項

○賃貸アパートの敷地内に駐車場がある場合に、利用者は誰か
※評価単位の確認、自用地か貸家建付地か
○賃貸アパートの空室がある場合の空室の期間
○賃貸アパート、駐車場の全ての賃貸借契約書を確認
※賃貸割合の判断、預り敷金の有無を確認
○使用貸借の土地で、建物が昭和46年以前に建築されていないか

※昭和46年以前の場合には、貸家建付地評価とする
○貸家の建物のみを生前に贈与している場合に、賃借人に変更がないか
※土地について使用貸借となるが、賃借人に変更がなければ貸家建付地評価となる
○貸宅地について土地賃貸借契約書・無償返還届出書の確認
○同族関係者間の賃貸借契約書の確認
○埋蔵文化財包蔵地などの可能性を確認
○産業廃棄物の可能性を確認
○その他、減額の可能性があるか確認
※相続税評価額に対して高いと感じられている場合には、理由などを確認
○土地の個別性が高い場合には、不動産鑑定評価を検討

第４章

これを間違えたらアウト

第3章の税理士がよく間違える財産評価のポイントでご紹介した内容は、申告後に見直しをして、過大納付となっている場合には、還付請求（更正の請求）を行うことで、相続税の還付を受けることができます。

しかし、相続税還付で取り戻せる相続税には限界があります。

どういうことかといいますと、相続税還付の要因となるのは大半が財産評価です。たまに計算過程で間違っていたり、根本的な部分でのミスも発見することがありますが、ほとんどは不動産の評価や自社株式の評価、細かい点では有価証券の評価や債務の計上漏れなどがあります。

このようにほとんどが財産評価の見直しで減額要素を見つけ相続税還付に至るのです。ときどき、相続人の方から感謝の言葉とともにこのようなご質問をいただくことがあります。

「最初から佐藤さんに依頼していたら納める税金もこの金額でよかったんですね？」

正直に申し上げると、この質問に対しては回答に困ります。

概ね質問の内容に間違いないかもしれないですが、全ての案件でそうとは限らないということが、実はあるからです。

繰り返しになりますが、相続税還付で見直しができるのは、基本的に財産評価がメインとなります。

あとは基本的な計算の仕方でミスがあった場合でも還付請求はできますが、税理士が計算していれば基本的な計算の仕方でのミスはほぼありませんので、実質的には財産評価の見直しだけといえます。

つまり、ほかにも減額できる要素があったとしても見直しが不可能な項目が実はあるのです。

次に紹介する項目が該当しますので、参考にしてください。

遺産分割協議のやり直しは認められない

まずは遺産分割協議のやり直しです。

分かりやすい項目ですと、例えば、配偶者が相続した場合には1億6千万円までは一切相続税がかかりません。

また、1億6千万円を超えても法定相続分までは相続税がかかりません。

そのため配偶者がたくさん相続すれば、その分、配偶者軽減を受けることができるため、相続税を抑えることができます。

もちろん、二次相続までを考えると一次相続で配偶者の相続する割合を少なくして多めに相続税を納めた方が、二次相続までのトータルでは安くなることもあるため、必ずしも配偶者が多く相続すればよいということではないのですが、細かい話になるので、ここでは二次相続までのことは考えずに説明をしたいと思います。

とりあえず一次相続だけを考えた場合、配偶者がたくさん相続すれば、相続税を安く抑えることができるという点はご理解頂けると思います。

そうなると、例えば、当初申告で配偶者が全く相続せず大半を子たちで相続する内容の遺産分割協議をしていたとします。

このような場合に、配偶者がもっと相続した方がよいからといって、遺産分割協議をやり直し、配偶者がたくさん相続する内容にして配偶者軽減を適用するという内容での更正の請求（還付請求）が認められるか否かという点については、残念ながら認めてもらえません。

法律上は遺産分割協議のやり直しは可能ですが、税務上では認めてもらえないのです。

仮に遺産分割協議のやり直しをした場合には、それによって移転する財産は贈与として贈与税が課税されるなど、大きな税負担が発生する可能性があります。

もう少し上手く分けたほうがよかったのではと思ってしまうこともありますが、その点については見直しはできない（還付できない）のです。

見直しではなく、相続発生した直後の申告の段階でご依頼頂いていれば、税務上、最も有利となる分割案（配偶者の取得割合を何％にするかなど）をシミュレーションしてあげられたのにと思ってしまいます。

参考までに遺産分割協議のやり直しが税務上も認められるケースを紹介すると、当初の遺産分割協議がそもそも法律上無効だった場合です。

法律上無効だった場合には、当然やり直しが必要となりますので、その場合の修正申告や更正の請求は認められます。

特例の選択替えもできない

相続税還付では遺産分割協議のやり直しによる還付請求ができない点についてはご理解いただけたと思いますが、他にも還付請求できない項目があります。

それは小規模宅地等の特例の選択替えになります。

まず、小規模宅地等の特例が何なのか？という点ですが、分かりやすくいうと被相続人

区分	限度面積	減額割合
特定事業用宅地等	400㎡	80%
特定居住用宅地等	330㎡	80%
貸付事業用宅地等	200㎡	50%

の事業用（お店など）、居住用（自宅）、貸付事業用（賃貸アパートなど）に使用していた宅地を評価する際に一定の割合で減額をしてもらえる制度となります。

例えば自宅については330㎡までは80％減額されますので仮に1億円の評価だったとしても2，000万円だけが課税の対象となります。

そのため、大きく税額も減額される制度となります。

非常に大きな減額が認められる制度である点はご理解いただけたと思います。

宅地の用途別の限度面積と減額割合は上記の通りとなります。

ここで問題になるのは、小規模宅地等の特例の適用対象となる宅地が複数ある場合です。

特定事業用宅地等と特定居住用宅地等の限度面積については併用が可

能となっていますので、合計で730㎡まで選択することができます。

ただし、貸付事業用宅地等を併用する場合には合算して適用することはできませんので、限度面積の調整計算が必要になります。

例えば、自宅が165㎡で小規模宅地等の特例を適用した場合には、330㎡の半分を使用したことになりますので、貸付事業用宅地等にも適用をする場合には200㎡の半分である100㎡までは適用をすることができます。

そのため、自宅と賃貸アパートがある場合に、どちらから優先的に適用した方が良いのか判断が必要になってきます。

単純に土地の単価が同じくらいであれば、自宅の方が限度面積が大きく、かつ、減額割合も大きいため、特定居住用宅地等である自宅から適用した方が有利となります。

しかし、自宅が地価の安い地方で賃貸アパートが地価の高い都内にある場合ですと、必ずしも自宅の特定居住用宅地等が有利とは限りません。

場合によっては賃貸アパートの貸付事業用宅地等の方が有利となる場合があります。

このくらいの話であれば普通の税理士でも有利判定をして有利な方から適用はできると思いますが、他にも配偶者と子が相続人の場合、配偶者が相続した場合には配偶者軽減があるため、そこまで考慮すると子が相続した宅地に小規模宅地等の特例を適用したほうが、有利になります。

そのため、単純に減額の単価のみで判断ができなくなるケースが出てきます。

そうなってくると、相続を専門にしていない税理士では、最も有利な宅地に小規模宅地等の特例を適用していないケースがあります。

また、ここでは小規模宅地等の特例について、基本のところしか説明しませんが、とても奥が深い論点となりますので、小規模宅地等の特例の要件を満たしているのか、判断が非常に難しいケースがたくさんあります。

本当は小規模宅地等の特例の適用要件を満たしているのに、判断ができずに適用していない申告書を見かけることもあります。

相続税の見直しをしていると、小規模宅地等の特例に関するミスもたくさん見つけることがあるのです。

では、小規模宅地等の特例でミスをしていた場合に、更正の請求（還付請求）で相続税の還付を受けることができるのでしょうか？

答えは残念ながら還付を受けることができません。

更正の請求で還付が認められるのは簡単にいうと計算間違いなど、間違って申告してしまった場合になります。

では小規模宅地等の特例で不利な宅地に適用してしまった場合に、選択を間違えたという主張で還付請求できないのか？と思われるかもしれませんが、小規模宅地等の特例は納税者が選択をして適用します。

複数の宅地があった場合に、選択をするのも納税者となります。

仮に計算上、不利なものを選択して適用した場合も間違いではなく、納税者が自ら不利なものを選択したと解釈されるため、計算間違いではないということなのです。

つまり不利なものを選択して、正しく計算されているということです。

納得いかないかもしれないですが、このような解釈がされているため、仮に還付請求をしても否認されてしまいます。

小規模宅地等の特例については、当初申告できちんと有利判定をして適用するしかないのです。

小規模宅地等の特例は大きな減額が認められる制度ですので、こちらについても見直しができない点はとてもくやしいところです。

参考までに小規模宅地等の特例で選択替えが認められるケースを紹介すると、当初選択した宅地がそもそも小規模宅地等の特例の要件を満たしていなかった場合などがあります。この場合には明らかなミスであるため、更正の請求が認められます。

特定路線価の設定は外せない

まず、基本的な宅地の評価方法を先に説明したいと思いますが宅地の評価方法には、路線価方式と倍率方式の2つの方法があります。

どちらで評価するかは地域によって路線価方式又は倍率地域のどちらかに決まっており、市街地にある路線価が設定されている宅地の評価は路線価方式、路線価が定められていない地域については倍率地域で評価することになります。

イメージとしては、都市部は路線価地域、地方は倍率地域になります。

なお、計算方法は下記の通りとなります。

〈路線価方式〉

路線価×各種補正率×宅地面積（㎡）＝評価額

路線価をその宅地の形状等に応じた各種補正率（奥行価格補正率、側方路線影響加算率など）で補正した後、その宅地の面積を掛けて計算します。

〈倍率方式〉

固定資産税評価額×倍率

倍率方式による宅地は、その宅地の固定資産税評価額に一定の倍率を掛けて評価額を計算します。

以上が路線価方式と倍率方式の違いになります。

特定路線価の設定の問題が出てくるのは路線価方式の場合です。

路線価図を見ると道路に路線価が設定されているため、その路線価を使って評価するのですが、路線価が設定される道路には定義があります。

つまり、道路であれば何でもかんでも路線価が設定されるわけではないのです。

路線価の定義は、第3章の税理士がよく間違える財産評価のポイントの路線価の誤り（126頁参照）でも紹介しましたが、財産評価基本通達14（路線価）で定められています。

〈通達の一部抜粋〉

「路線価」は、宅地の価額がおおむね同一と認められる一連の宅地が面している路線（不特定多数の者の通行の用に供されている道路をいう。以下同じ。）ごとに設定する。

つまり、誰でも通り抜けできるような道路である必要があります。

逆に行き止まり私道のような特定の者しか通らないような道路には路線価が設定されないのです。

そのため、行き止まり私道にしか接していない宅地を評価する場合に特定路線価を設定するかどうかという問題が発生します。

特定路線価についても財産評価基本通達14－3（特定路線価）で定められています。

〈通達の一部抜粋〉

路線価地域内において、相続税、贈与税又は地価税の課税上、路線価の設定されてい

特定路線を設定しない場合

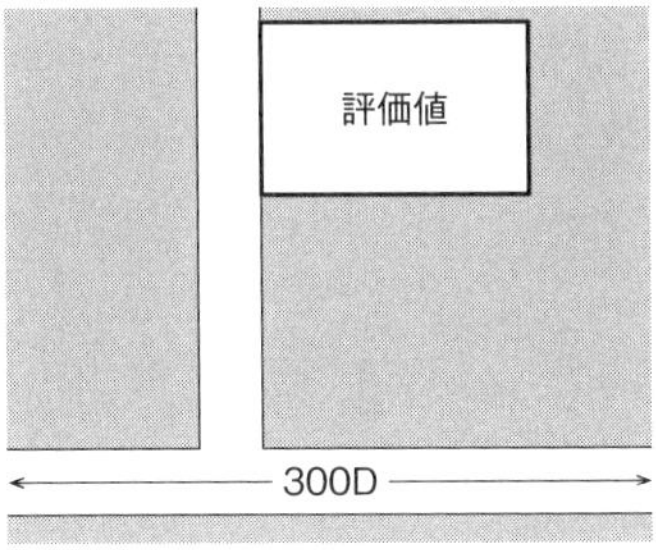

ない道路のみに接している宅地を評価する必要がある場合には、当該道路を路線とみなして当該宅地を評価するための路線価（以下「特定路線価」という。）を納税義務者からの申出等に基づき設定することができる。

つまり、路線価が設定されていない行き止まり私道等のみに接している宅地の場合には、特定路線価を設定してもらうように申出書を提出することで、特定路線価を設定してもらえるのですが、ここで注意しなければならない点としては、特定路線価の設定は「できる」規定であることです。

逆にいうと必ずしも「しなければならない」という訳ではないのです。

では特定路線価を設定しないで、どのように評価するのか？という点ですが、例えば図のように、路線価が設定されている道路を正面路線として評価することができます。

以上のように特定路線価を設定して評価する方法と特定路線価を設定しないで評価する方法の２つの方法があるのですが、どちらの方が評価が安くなるのでしょうか？

納税者の方が最も気になる点だと思いますが、基本的には特定路線価を設定しない方が圧倒的に安く評価できます。

特定路線価を設定しても、路線価が設定されている道路の路線価と比較して10％ほどしか安くなりません。

そのため、図のケースでは路線価が設定されている道路の路線価が３００Ｄですので、特定路線価の設定をした場合には、おそらく２７０Ｄくらいになると思われます。

これに対して図の３００Ｄの路線価が設定されている道路を正面路線として評価すると旗竿敷地になるため差引計算で評価減できるのと、大きくかげ地割合を取れるため不整形地補正でも評価減ができます。

だいたい、40％から50％くらい評価を減額できる可能性があるのです。

ちなみに、特定路線価を申請し、特定路線価が設定されてしまうと、その特定路線価は使わなければなりません。

「思ったより高かったから特定路線価は使わない」といった選択はできないのです。

過去の判例でも特定路線価を設定したら不合理と認められる特段の事情がない限り使わなければならないとされた事例があります。

相続税に精通している税理士であれば、以上のように特定路線価を設定した場合のデメリットやどちらの方が評価が安くなるのかということを、過去の経験やノウハウから判断できますが、相続税に不慣れな税理士ですと、特に疑問も感じないで特定路線価の設定を申請しているケースがあります。

あとは保守的な税理士の中にも、特定路線価を設定しておけば、対税務署もスムーズであるため特定路線価を設定するという方もいます。

特定路線価を設定しないで評価する場合、税務調査で「なぜ特定路線価を設定していないのか?」「評価が下がり過ぎではないか?」と指摘される可能性もあります。
ですが、特定路線価は財産評価基本通達において「できる」規定となっているため特定路線価の設定に強制力はありません。

通達はそもそも法律ではありませんので法的な強制力があるものではないですが、国家公務員である税務職員は守らなければならないものになります。

どういうことかといいますと、通達は国家行政組織法14条2項に根拠を有し、国家公務員にとって順守すべきものであるのに、これを無視することは国家公務員法82条1項2号の職務上の義務に違反する可能性があるからです。

〈根拠法令〉

国家行政組織法

第14条　各省大臣、各委員会及び各庁の長官は、その機関の所掌事務について、公示を必要とする場合においては、告示を発することができる。

2　各省大臣、各委員会及び各庁の長官は、その機関の所掌事務について、命令又は示通をするため、所管の書機関及び職員に対し、訓令又は通達を発することができる。

国家公務員法

（懲戒の場合）

第82条　職員が、次の各号のいずれかに該当する場合においては、これに対し懲戒処分として、免職、停職、減給又は戒告の処分をすることができる。

1　この法律若しくは国家公務員倫理法又はこれらの法律に基づく命令（国家公務員倫理法第５条第３項の規定に基づく訓令及び同条第４項の規定に基づく規則を含む。）に違反した場合

2　職務上の義務に違反し、又は職務を怠った場合

3　国民全体の奉仕者たるにふさわしくない非行のあった場合

少し難しい話ですが分かりやすくいうと、もし税務職員が特定路線価の設定を強制しようとしたら、それは通達の「できる」規定を無視したことになるため、通達違反で懲戒処分の対象となる可能性もあるということです。

さすがに税務調査でここまでのことは主張しませんが、もしどうしても税務署側が譲らない場合には最終手段としてこのような説明もやむを得ないと考えています。

次に「評価が下がり過ぎではないか？」と指摘された場合ですが、仮にかげ地割合が高くなり過ぎた場合であっても最大で40％までの減額となります。

つまり、最大の評価減ができる40％のラインを過ぎると、あとはいくらかげ地割合が高くなっても40％までしか評価減ができません。

差引計算は奥行距離等によりますが、だいたい10％くらいの評価減になると大きく減額しても50％くらいになります。

例えばこれが80％、90％と評価減できてしまった場合には、さすがに下がり過ぎだとは思いますが、評価減できる補正率の下限が決まっているため、不合理に下がり過ぎるということはないといえます。

もし、どうしても約50％の評価減が下がり過ぎと主張したいのであれば、不整形地補正率表を変えればよいのです。

私は特定路線価を設定しない主義ですが、特定路線価を設定したとしても、それは間違いではありません。

相続税の見直しをしていると特定路線価を設定しているケースがかなりたくさんありますが、その部分については残念ながら見直しができません。

過去の判例でも「特定路線価を設定している場合にはそれを使いなさい」という事例があるため、よほど特定路線価が合理性に欠ける理由がなければ、特定路線価を使わない評価方法は認められないでしょう。

毎回、特定路線価が設定されている評価を見るたびに、当初申告からご依頼頂いていればもっと評価額を下げられたのにと思ってしまいます。

第5章

事例紹介

減額に成功した主な要因	詳　細
広大地	その地域における標準的な宅地の地積に比して著しく地積が広大な宅地で一定の要件を満たすものは、大幅な評価減ができるのに評価減していなかった。

上記の減額要因で実際に還付を受けた金額

当初申告時の相続税	264,000,000 円
見直し後の相続税	206,000,000 円
還付金額	**58,000,000円**

マンションの敷地でも可能

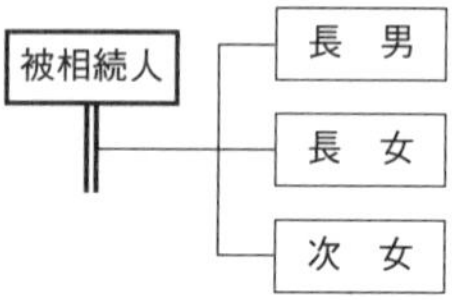

マンションの敷地に広大地を適用

この事例は、相続人と税理士の信頼関係が厚く「うちは税理士に任せているし、還付になることは絶対にない」と主張されていました。

そのため、初めてお会いした際に相続税の申告書を持参されていたのですが、初めはご挨拶だけさせていただいてお預りはせずに、2回目にお会いした際に「成功報酬だし、戻るわけがないけどダメ元で」ということで申告書をお預りしました。

申告書の内容を拝見すると、借地権などの権利関係が複雑になっていましたので、権利関係のミスがないか確認をしましたが、結果的には減額につながるようなミスがありませんでした。

そのため、他に減額要素がないか確認をし、特に減額要素が見つからなかったのですが、マンションの敷地について1，６００㎡以上の広さでしたので、少し気になりました。面積だけでは判断できないのですが、５００㎡以上であれば広大地評価の可能性を検討できるからです。

念のため、住宅地図を確認すると評価地が「○○マンション」と記載されており、駅からも近くて、かつ、周辺にもマンションが建っていることから、広大地（広大地の要件は第3章80頁参照）は難しそうだと思っていましたが、容積率を確認すると１００％でした。

容積率が２００％程度ですと、広大地の判断が難しいのですが、一般的に容積率が１００％ですと広大地の可能性がかなり高くなります。

容積率が１００％だとマンション適地とはいえないからです。

確かによく見てみると敷地の広さに対して、マンションの建っている敷地が狭く見えます。

また、周辺のマンションが建っているところは、同じ街区でしたが、用途地域が異なっており、容積率も300％でした。

そのため、よく見てみると評価地と同じ用途地域（容積率100％）内では他にマンションが建っておらず、戸建分譲されていました。

半ば還付の可能性はないと諦めかけていましたが、広大地の可能性が高くなってきたため、依頼者に還付の可能性が高いという点と内容について説明をしました。

最初は、「何で前の税理士はその評価をしてくれなかったのか？」と疑問に思われていましたが、広大地の判定が困難である点と今回の事例は特にマンションが建っていることから広大地と判断するのは非常に難しいと説明をしました。

その他の論点ですと、この事例では税務調査が入っていませんでしたので、逆に増額となってしまう要素がないかも確認しました。

税務調査は必ず入るわけではありません。

約21.22％の確率となっています（第1章6頁参照）。

決して高い確率ではありませんが、税務調査が入った場合には、約８１．７８％という高確率で何かしらの否認を受けています。

そのため、税務調査が入っていない場合には、逆に増額となる要素がないかも確認する必要があるのです。

では税務調査が入った場合に、最も問題となる論点とはどのようなものでしょうか？

まずは預貯金等の金融資産が最も指摘されやすい論点となります。

手許現金の妥当性や名義預金、名義株式の有無、生前贈与の有効性などです。

問題となりやすい論点をまとめると以下のとおりです。

○亡くなる直前に預貯金から引き出したお金がないか（手許現金の妥当性）

手許現金とは、亡くなった時点で手許にある現金のことです。

預貯金については、亡くなった日の残高証明書を入手することで金額を把握できますが、手許現金については、実際に手許にあった金額となりますが、残高証明書のようなものはありません。

立証の仕方としては、亡くなる直前の引き出し額を集計し、そこから生活費、医療費等の支出した金額を差し引いて計算します。

○親族名義の預貯金で原資が被相続人のものがないか（名義預金の可能性）

預貯金の名義が配偶者や子になっている場合でも、原資が被相続人のもので、通帳と印鑑を被相続人が管理していた場合には、その預貯金の所有者は名義人ではなく、被相続人と判断をすることになります。

名義預金の調査をするためには、相続人の通帳も確認し、どのように貯めたものなのか確認する必要があります。

○生前に被相続人と親族間で預貯金の移動がないか（生前贈与、貸付金の可能性）

被相続人と相続人等の親族の通帳を確認し、通帳間の移動がある場合には、生前贈与又は貸付金として処理をする必要があります。

○親族の資産の購入代金を被相続人が支払っていないか（生前贈与、貸付金の可能性）

相続人等の親族の資産（不動産や車など）の購入資金を被相続人が出している場合に

は、生前贈与又は貸付金として処理をする必要があります。

○親族の債務を被相続人が肩代わりしていないか（生前贈与、貸付金の可能性）

相続人等の親族の債務（借入金等）を被相続人が肩代わりしている場合には、生前贈与又は貸付金として処理をする必要があります。

○生前贈与が有効か（名義預金、貸付金の可能性）

生前贈与は贈与者の「贈与します」という一方的な意思表示だけでは成立しません。そのため、子や孫に内緒で貯めた預貯金は、名義が子や孫であっても生前贈与は成立しておらず、名義預金として相続財産に該当してしまいます。

生前贈与を否認されないためには、下記の点について気を付ける必要があります。

①贈与契約書を贈与の都度作成すること

②受贈者（財産をもらう側）本人の口座に振り込むこと（受贈者が普段使用している口座）

③あえて110万円を超える贈与をして、贈与税の申告書を提出し記録を残す（贈与の要件ではありませんが、立証力を高めるため）

以上のような問題点がないか、確認するために被相続人の通帳をお預りして、入出金をエクセルでまとめ、問題になるような項目がないか預貯金の調査をしました。

通常は相続人の通帳もお預りして調査をするべきですが、当初申告をした税理士も預金調査をしていたのと、親族間での預貯金の移動はないとのことでしたので、被相続人の通帳のみで調査をしました。

論点は手許現金の妥当性でしたが、概ね直前でおろしている金額とほぼ一致する金額を当初申告で手許現金として計上していましたので、ほぼ問題ないと判断しました。

数年前の引き出し額については、説明できる根拠がないため、相続人は不安に感じていたようですが、生活費や医療費等で費消しますので、その点もほぼ問題ないと判断しました。

相続税還付の依頼でここまで調査をすることは、基本的にはありませんが、税務調査が入っていない依頼者で、かつ、預貯金等の流れに不安を感じているようでしたら、ここまで調査をすることも稀にあります。

最終的な判断としては、預貯金の調査は特に問題なく、広大地が認められる可能性も高いと判断しました。

広大地評価については、念のため不動産鑑定士にも相談をして意見書を作成してもらい還付請求をしたところ、スムーズに還付が認められました。

還付請求をすると半分以上の確率で私の元に税務署から何かしらの連絡が入るのですが、この事例では何も連絡が入ることもなく更正通知書が相続人の元に届き、請求通りに還付が認められたのです。

通常はマンションの敷地は「マンション適地」と判断されるケースが多いですが、中には地主が更地に建物の建築費用のみで判断してマンションを建てていることもあるため、必ずしも最有効使用をされていないことがあります。

マンションの敷地でも広大地が認められた事例としてご紹介させていただきました。

二次相続の見直しで2件分の還付

この事例は、夫が先に亡くなり、その2年後に妻が亡くなっている地主の方でした。

5年10カ月の間に2件の相続が発生していたため、2件分の見直しのご依頼をいただきました。

相続人は子が3人です。（一次相続は妻も含めるため4人）

地主の方でしたので不動産がたくさんありましたが、還付のポイントで大きかったのは広大地評価になります。

広大地と認められると、評価が約半分になるため大きな減額要素になります。

減額に成功した主な要因	詳　細
不整形地補正	形が正方形、長方形のように整形ではないもので、評価減できるのに評価減していなかった。
間口按分の失念	側方路線影響加算について、接する間口距離が想定整形地の間口距離よりも短い場合には按分計算をすることで評価減ができるのに間口按分が失念していた。
広大地	その地域における標準的な宅地の地積に比して著しく地積が広大な宅地で一定の要件を満たすものは、大幅な評価減ができるのに評価減していなかった。
墓地の向かい	墓地の向かいにあることによる、利用価値が著しく低下している宅地としての評価減をしていなかった。

上記の減額要因で実際に還付を受けた金額

【一次相続の還付】

当初申告時の相続税	52,000,000円
見直し後の相続税	40,000,000円
還付金額	**12,000,000円**

一次相続での還付からの二次相続でも還付!!

【二次相続の還付】

当初申告時の相続税	12,600,000円
見直し後の相続税	9,000,000円
還付金額	**3,600,000円**

合計還付金額	**15,600,000円**

ですが判定が難しく５００㎡以上でも広大地と認められないケースが多々あります。

税理士としても広大地の判定はとても悩むポイントになってきますし、広大地評価をして税務署から否認されてしまうと大きな追徴課税になってしまうため、保守的な税理士は広大地評価を避ける傾向にあります。

この事例では周辺の土地の利用状況（開発事例）等から２カ所の土地が広大地に該当すると判断し、提携先の不動産鑑定士に意見書の作成を依頼して広大地評価をしましたので、大きく相続税を下げることができました。

特にこちら側に有利な材料だったのは、２カ所のうち、１カ所は売却済みの土地に広大地評価を適用したのですが、その土地を購入した業者が現実に戸建て分譲をしていた点です。

道路を開設して潰れ地も生じていたため、否認される確率はほぼないと確信を持つことができました。

次に大きかったポイントは墓地の向かいにある土地２カ所です。

一般的には忌み地として評価減をできるのは墓地に隣接している場合などであり、道路を挟んで向かいに墓地がある場合には、隣接していないから減額できないという説もあります。

しかし、道路を挟んだ向かいに墓地があり見える範囲内であるため、市場価格が下がることは明らかです。

路線価についても、墓地があることによる減額が織り込まれているか確認しましたが、墓地に接する道路から離れたところまで一律の路線価でしたので、墓地があることによる減額が織り込まれていないことは明らかでした。

以上の点から利用価値が著しく低下している宅地と主張して10％の評価減をしました。評価単位で２カ所でしたので、税額への影響も大きくなりました。

他の論点は不整形地補正の失念や間口按分の失念もありました。

これらの細かい論点で評価減ができた金額は数％でしたので、税額への影響は大きくないですが、最大限の評価減を目指すため、細かい論点についても見直しをしたのです。

今回は一次相続と二次相続の２件分を同時に見直ししましたが、二次相続で見直した論点は、一次相続で夫から相続した土地でしたので、路線価を入れ替えるだけでした。

特にこの事例では全く同じ論点しかありませんでしたので、一次相続の還付請求が認められれば、二次相続の還付請求も同時に認められることになります。

今回の事例では該当しませんが、一次相続のみ還付請求をして二次相続では減額要素がないということも、中には考えられます。

例えば、一次相続で親が亡くなり、子が短期間で亡くなった場合です。

その場合には、二次相続で適用している相次相続控除の金額が減ってしまうため、一次相続では還付を受け、二次相続では逆に増額となり、修正申告をする必要がでてくることもありえるのです。

ただし、今回の事例は二次相続が配偶者であるため、一次相続の際に配偶者軽減を適用しており、二次相続で控除を受けた金額がほとんどありませんでした。

そのため、二次相続の見直しについても増額ではなく、減額要素となり、還付請求をすることになりました。

還付請求は2件を同時にしましたので、同時並行で還付処理までされました。

短期間で相次いで相続が発生している場合には、2件同時に還付が認められるケースがあるため、ご紹介させていただきました。

嘆願書を理由に一部否認

この事例は、平成23年1月相続開始で、申告期限が平成23年11月でした。

そのため、平成23年12月2日の更正の請求（納税者に認められている正式な還付請求の手続き）に関する改正前でしたので、更正の請求ができずに嘆願書（納税者に還付請求する権利がないため、税務署の職権で還付手続きしてもらうもの）で還付請求をした事例です。

相続人は長男、二男、三男の合計3人です。（還付請求をしたのは二男、三男の2人）

今回の面白い論点としては、本来路線価が設定されてはいけない道路に路線価が付されており、路線価の誤りも指摘した点です。

路線価の定義は第3章でも解説していますが、不特定多数の者の通行の用に供されている道路である必要があります。

つまり、色んな人が通るような通り抜けできる道路である必要があるのです。

逆に、行き止まり私道のように特定の人しか通らないような道路は、路線価の要件を満

減額に成功した主な要因	詳　細
不整形地補正	形が正方形、長方形のように整形ではないもので、評価減できるのに評価減していなかった。
間口按分の失念	側方路線影響加算について、接する間口距離が想定整形地の間口距離よりも短い場合には按分計算をすることで評価減ができるのに間口按分が失念していた。
セットバック済み	セットバック済みの場合には、道路提供した部分を公衆用道路としてゼロ評価できるのに、宅地の地積に含めて評価していた。
差引計算の失念	旗竿敷地については差引計算ができるのに差引計算が失念していた。
路線価の誤り（否認）	路線価が付されてはいけないところに路線価が付されていたため、逆手にとって私道をゼロ評価と主張。仮に私道のゼロ評価を否認された場合、路線価を外して宅地の評価減を狙ったが、嘆願書を理由に否認。

当該評価地の路線価を管轄している税務署に路線価の誤りを指摘したが、翌年以降からの修正として過去の分は修正されずに、納税地の所轄税務署に至っては嘆願書を理由に路線価の誤りについては否認。

上記の減額要因で実際に還付を受けた金額

当初申告時の相続税	510,500,000円
見直し後の相続税（請求金額）	502,700,000円
見直し後の相続税（認定金額）	504,100,000円
還付金額（2人分）	**5,100,000円**

相続人３人中
２人の還付

※3人全員で還付請求した場合には640万円
※請求金額が全額認められていた場合には2人で530万円、3人全員で780万円

たしていないため、路線価を設定してはいけないのです。

今回の事例は、まさに行き止まり私道に路線価が設定されているケースでした。

どのように土地の評価額を下げるか検討し、２パターン用意しました。

１パターン目は、路線価を否認するのではなく、路線価が設定されていることを逆手に利用して、私道の評価額を当初申告の30％評価ではなく、ゼロ評価になると主張しました。

私道の評価は大きく分けると下記の２パターンになります。

○特定の者の通行の用に供されている道路　30％評価
○不特定多数の者の通行の用に供されている道路　ゼロ評価

つまり、実態は行き止まり私道のため特定の者の通行の用に供されている道路として30％評価をするのが正しいですが、路線価が設定されているため、路線価の定義である、不特定多数の者の通行の用に供されている道路であると主張したのです。

国税庁が発表している路線価を尊重しての主張です。

この主張に対して反論をするということは、路線価の設定が誤っていたことを税務署が自ら認めることになるため、どのような反応がくるか私も楽しみにしていました。

そして、仮に路線価の設定が誤っていたことを認めてまで、私道のゼロ評価を否認してくるようであれば、路線価の設定が誤っていることが明らかであったと税務署が認めることになるため、税務署の否認を逆手に取って路線価を外してもらい、私道の奥にある宅地の評価を見直しして評価減する主張を2パターン目として用意していました。

税額への影響を考えると、むしろ1パターン目を否認してもらった方が、2パターン目の主張で、より評価を下げることができるものでした。

通常であれば、どちらかのパターンで主張を通すことができると思いますが、今回の事例では次のような不利な事情がありました。

○納税地の所轄税務署が都内であり、還付請求をしたのは都内の税務署でしたが、路線価の誤りがあった土地は地方だったため、評価地の所轄税務署が地方であった（つまり納税地の所轄税務署と評価地の所轄税務署が異なっていた）。

○更正の請求ではなく、嘆願書による還付請求だった（つまり納税者側の権利が弱かったのです）。

まずは納税地の所轄税務署（都内）に嘆願書を提出しているため、納税地の所轄税務署とやり取りをしていましたが、私道の評価については、実態にあわせて30％評価が妥当との主張でした。

私は、その主張に対して「それでは路線価の設定が誤っていたことを認めるのですね」と反論したのですが、税務署（都内）は、「評価地（地方）はうちの管轄ではない」と主張してきました。

つまり、路線価が適正かどうかは管轄外だから分からないけど、とりあえず私道のゼロ評価は否認するとのことです。

理屈の通らない主張です。

私道を30％評価にするのであれば、不特定多数の者の通行の用に供されている道路という路線価の要件を満たさないことになるため、路線価をそのままにするということはあり得ません。

そのため、評価地の所轄税務署（地方）に連絡をしました。

最初は「路線価は適正です」と回答されましたが、財産評価基本通達を読み上げながら、路線価の要件を満たしていない点を丁寧に説明してきちんと検討してもらいました。

すぐには結論が出ないようでしたので、折り返し連絡をしてもらうことにし、最終的には「先生の主張の通りです。」と路線価の誤りを認めさせることができました。

しかし、路線価の誤りは認めたものの、過去の分の修正はできないため、翌年以降から修正するとのことでした。（平成28年から是正、第3章132頁参照）

その点を納税地の所轄税務署（都内）に伝えたのですが、路線価の誤りについては、嘆願書を理由に否認してきました。

担当者の主張は「そもそも嘆願書でしょ」とのことです。

つまり、嘆願書なので更正の請求とは違って権利がないため、不服は一切受け付けないという意思表示をされたのです。

確かに嘆願書の場合には否認されても不服申立てをすることができません。

更正の請求であれば、不服申立てをする権利がありますが、嘆願書では不服申立てをする権利がないのです。

どんなに納得がいかなくても、税務署の主張を受け入れるしかないのです。

極論ですが、嘆願書を提出しても税務署が「うちは嘆願書を受け付けません」と主張したら、それを受け入れるしかないのです。

別件ですが、それで一切内容を検討してもらえなかった事例もありました。

税務署（都内）はそれを利用しての否認でした。

仮にこれが更正の請求であれば、税務署（都内）も私道のゼロ評価を受け入れるか、私道のゼロ評価を否認するのであれば、路線価を外して宅地の評価減を認めていたと思います。

どちらも否認するようでしたら、不服申立てをすることで、こちら側も納得のいく結論が出たと思います。

その点について、何もできずに否認されたことには、とても悔しい思いをしました。

しかし、他の論点は都内の土地で一般的な評価減でしたので、嘆願書ではあったものの認めてもらえました。

評価減の内容は不整形地補正の失念や間口按分の失念、セットバック済みで公衆用道路となった部分のゼロ評価、差引計算の失念などです。

一般的には評価額への影響が大きくない論点ばかりでしたが、当初の納税額が多額（税率が高い）で、評価減を認めてもらえた土地（都内）は路線価も高い地域でしたので、還付金額も５００万円を超えました。

現在は改正から5年以上経過していますので、今後嘆願書で還付請求をすることはなくなりましたが、路線価の誤りを是正してもらった珍しい事例（この論点では還付につながらなかったですが）でしたので、ご紹介させていただきました。

申告期限の直前に税理士の切り替え

この事例は、私の著書を読んでご連絡いただいた方の事例です。

これから相続税の申告をする予定で、昔からの付き合いのある顧問税理士に申告を依頼されていました。

しかし、相続税専門の税理士ではありませんでしたので、申告後に相続税還付の依頼を受ける前提で、申告前からセカンドオピニオンとして、相談にのっていました。

財産評価については、相続税還付のご依頼の際に見直しできるため、見直しのできない小規模宅地等の特例などを中心にアドバイスさせていただいていました。

しかし、申告期限の１カ月前に急きょ、申告を依頼していた顧問税理士が降りてしまい

減額に成功した主な要因	詳　細
不整形地補正	形が正方形、長方形のように整形ではないもので、評価減できるのに評価減していなかった。
間口按分の失念	側方路線影響加算について、接する間口距離が想定整形地の間口距離よりも短い場合には按分計算をすることで評価減ができるのに間口按分が失念していた。
造成費控除	農地等を宅地に転用する場合において通常必要と認められる整地、土盛り等の費用として一定額控除できるのに控除していなかった。
都市計画道路予定地	都市計画道路予定地は建築制限を受けるため、評価減できるのに評価減していなかった。
評価単位の誤り	土地の評価は利用単位ごとに分けるのに、利用単位ごとに分かれていなかった。
差引計算の失念	旗竿敷地については差引計算ができるのに差引計算が失念していた。
自社株式の評価	純資産価額に誤りがあった。
倍率地域の倍率区分ミス	倍率地域の土地について、倍率の区分に誤りがあった。
庭園設備の評価	調達価額の70%で評価できるのに100%で評価していた。
未収家賃、前受家賃の失念	未収家賃と前受家賃について計上しなければならないが失念していた。

上記の減額要因で実際に還付を受けた金額

当初税理士の計算した相続税	426,000,000円
見直し後の相続税	387,800,000円
下げた税額	**38,200,000円**

土地の再評価で減額

ます。

経緯としては、相続税の申告には慣れていない税理士でしたので、相続人からの質問や疑問点にまともに応じることができずにいた点と、最後まで責任を持って申告をする自信がなくなってしまったようです。

そのため、当初の予定では、相続税の申告が終了した後に、相続税還付のご依頼をいただく予定でしたが、相続税の申告を受けることになりました。

申告書は概ね完成していたため、顧問税理士は相続税の申告書一式の書類を置いていかれてました。

期限まであと1カ月しかありませんので、その日のうちにご連絡をいただき、すぐに申告を引き受けることにしました。

申告書が概ね完成しているとはいえ、相続税の専門家として、そのまま使う訳にはいきません。

参考に資料はお預かりしましたが、土地の評価などは全て評価をし直しました。

相続税の申告の依頼を引き受けた日に、相続人の案内で現地調査を行いました。車で案内していただき、写真撮影や場所によってはメジャーで測ったりしていきます。時間の関係上、その日に役所調査まではできませんでしたが、都内の土地は現地調査で全て回ることができました。

後日、役所調査も行って、大至急評価をしました。

倍率地域などは、前の顧問税理士が評価したものをそのまま使えると思っていましたが、よく見てみると区分が間違っているものがありました。

また、税額への影響が大きいものはやはり路線価地域の土地評価です。資料をお預かりした段階で、ある程度資料を見て評価を下げられそうなところを把握していましたが、まずは評価単位を決めました。

顧問税理士の評価では、評価単位の誤りがあったからです。

評価単位を見直すことで、一カ所にある土地であっても、個々の土地の形が不整形地になるケースがあります。

例えば、道路に面しているところから見て、手前と奥の土地で評価単位を分ける場合には、手前の土地は整形地になるかもしれませんが、奥の土地は旗竿敷地になるため、差引計算の対象となりますし、旗竿敷地で不整形地になるため、不整形地補正でも評価額を下げることができるのです（第３章・「評価単位の誤り」79ページの図3参照）。

他にも役所調査をしたところ、都市計画道路予定地にかかっている土地もあり減額することができました。

土地は都内だけでなく、地方にもあったのですが、急傾斜地崩壊危険区域に該当する土地は利用価値が著しく低下している宅地として10％の減額を適用し、アスファルト舗装されていないような駐車場等については整地費用として宅地造成費控除もしました。

以上のように土地の評価額で大きく減額することができました。

また、土地以外にも減額要素がありました。

会社も複数経営されている方でしたので、自社株の評価がありましたが、自社株の評価でも下げることができました。

純資産価額を計算する際に、会社が所有する財産も相続税評価する必要があるのですが、細かい財産について、単純に帳簿価額のままにしている税理士が多くいます。

今回の事例でも、土地などの大きな財産は相続税評価にしていましたが、細かい財産は帳簿価額のままでしたので、そこまで細かく計算した結果、自社株の評価も下げることができたのです。

庭園設備の評価でも、調達価額の70％で評価できるのに調達価額でそのまま評価されていました。

この事例は、申告前に税理士の切り替えでご依頼頂いたため、正確には「還付」ではありませんが、大きく税額を下げることができましたので、ご紹介させていただきました。

リスクが高い場合にはあえて還付請求しない

相続税還付の業務では、減額要素があるからといって必ず還付請求をするわけではあり

減額に成功した主な要因	詳　細
広大地	その地域における標準的な宅地の地積に比して著しく地積が広大な宅地で一定の要件を満たすものは、大幅な評価減ができるのに評価減していなかった。

上記の減額要因で実際に還付を受けた金額

当初申告時の相続税	40,000,000円
見直し後の相続税	35,000,000円
還付見込金額	**5,000,000円**

倍率地域でも可能

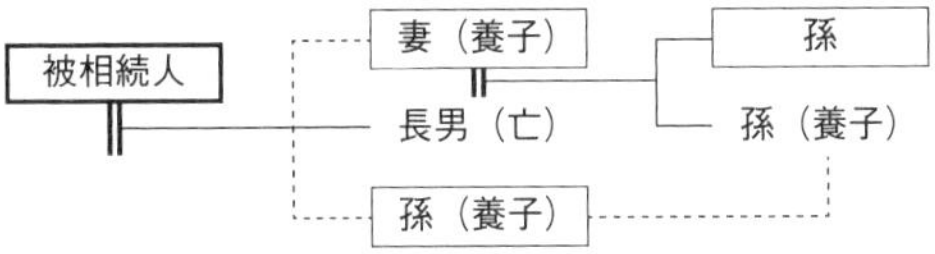

ません。

場合によっては、減額要素があるにもかかわらず、還付請求をせずに保留にすることがあります。

あえて還付請求しなかった事例をご紹介します。

この事例は土地が倍率地域でした。

倍率地域の場合、固定資産税評価額に倍率表の倍率を乗じて計算するため、基本的には倍率表の区分ミスなど、単純なミスがない限りは誰が計算しても同じ評価額になります。

そのため、減額の可能性は低そうだと思いながら見直しをしたのですが、見直しをしたところ、地積の広大な土地がありましたので、広大地評価の可能性について検討しました。

広大地の場合には、倍率地域でも評価額を下げることができるからです。

広大地評価ができそうな土地は2カ所ありましたが、まずは役所調査で用途地域や容積率などを調べました。

容積率は80％と低く、周りも戸建て分譲がされているようでしたので、おそらく広大地の要件は満たしていると判断しました。

念のため不動産鑑定士にも相談しましたが、不動産鑑定士もおそらく広大地評価ができるとの判断でしたので、広大地はほぼ認められると思われます。

しかし、逆に評価額が上がってしまいそうな土地がありました。

上がってしまいそうな要素としては、縄伸びによる地積の増加の可能性です。

最初は、評価減を探すという視点で見ていたため、すぐには気が付かなかったのですが、ゼンリンの地図上でかなり大きな土地に見える割には、登記地積が小さかったのです。

特に測量図はなく、公図も形が大きくずれているなど精度が極端に低いものでしたので、測量をしない限り地積も分かりませんが、ゼンリン地図で簡易的に測る限り大幅に縄伸びしていそうでした。

還付請求をしたからといって、必ずしも指摘されるものではありませんが、万が一、縄伸びを指摘されてしまうと追徴課税の方が上回ってしまうリスクが考えられますし、税務調査も入っていない段階でしたので、リスクとの兼ね合いで還付請求は保留にしました。

税務調査が入っていないからといって全て還付請求をしないわけではないですが、リスクのありそうな案件では無理に還付請求をしないようにしています。

第６章

税理士同士の連携も大切

全て1人で抱える必要はない

専門家にはプライドがあります。

例えば弁護士は法律の専門家です。

弁護士の元にはあらゆる法律関係の相談が来ることでしょう。

相続関係ですと、遺産分割、遺留分減殺請求などがありますし、離婚、交通事故、不動産の近隣トラブルなどの民事から、殺人、強盗などの刑事まで幅広い法律の知識が求められます。

税理士の場合は、税金の専門家としてのプライドがあります。

そのため、税金関係の相談には極力応じていこうという姿勢の税理士が大半だと思います。

相談者は税理士に対して、税金の専門家として期待していますので、納税者の信頼に応えていくという税理士の使命からも、あらゆる税金の相談に対応していくという姿勢は間違っていないと思います。

しかし、近年、士業の数は増え続けています。

昔は資格を取っただけで食べていけるといわれていたようですが、今は資格を取っただけでは食べていけません。

特に税理士は７５，０００人以上もいます。

人数が増えるということは、それだけ競合相手と差をつけなければいけませんので、必然的に、税理士のレベルも向上していくことになります。

また、税法は毎年改正があります。

全ての税法について毎年、改正点を正確に把握するのはかなり困難でしょう。

普段仕事で取り扱っている顧問（法人税、消費税）や確定申告（所得税）であれば、実務で取り扱っていることから、改正点についても実務で取り扱うことで身に付きます。

しかし、相続税を専門にしていない税理士の元に相続税の申告の依頼は毎年くるのでしょうか?

数年に1回しか相続税の申告をしていない場合には、仮に改正点を書物などで読んで確認していても、実務で取り扱っていないため、経験値として身についていないのではないでしょうか?

私の場合は、相続税が専門ですので、毎年資産税の改正項目を真っ先に確認します。

実務も年間数十件取り扱っていますので、実務を取り扱いながらノウハウも身に付けていくことができます。

しかし、逆に相続税以外は取り扱っていません。

そのため、毎年の改正点も資産税以外の税法はほとんど読んでいません。

譲渡所得などは、相続税との絡みもあるため、把握するようにしていますが、法人税の税額控除などは仕事で取り扱うことがないことから、流し読み程度しかしていないです。

とはいえ、税理士ですので、顧問や確定申告の相談はあります。

プライドの高い税理士であれば、「専門外なのでできません」と断ることはないでしょう。

しかし、私は相続税の専門家としてのプライドがありますので、相続税の専門性を高めるためにも、苦手な顧問や確定申告は他の税理士をご紹介するようにしています。

相続税では不慣れな税理士が申告をしてしまうと、数百万円、数千万円と税額に差がでてしまいます。

逆もまたしかりで、顧問や確定申告に不慣れな私が所得税や法人税の申告をしてしまうと、大きなミスをしてしまうリスクがあります。

1人で全てをやろうとすると、どうしても無理がでてきてしまうと思います。特に大半の人は苦手なものを取り扱うのが苦手です。それよりも得意なものを取り扱うのが得意だと思います。

苦手なことを無理して引き受けても、ミスが発生して依頼者に損をさせてしまうリスクが高くなると思います。

それであれば、得意な人にお願いした方が良い結果になるのは間違いないでしょう。

顧問や確定申告の相談を受けた時に、「できません」と断ってしまうと、相談者も困ってしまうと思いますが、「より適任な税理士を紹介できます」といってご紹介することで、相談者の信頼に応えていくことができるのです。

私も相続税を扱っていない税理士からは、相続税の申告の依頼でご紹介を受けています。

依頼者の利益を最優先に考えるのであれば、税理士同士で連携して苦手なものは得意な税理士がカバーしていくことで、より専門性を高めることができますし、納税者の信頼に応えていくことができると実感しています。

当事務所の顧問先は0件

私が初めて就職した税理士法人は相続税専門でした。

当時私が扱った案件は相続税の申告、相続税還付、生前対策など9割は相続税関係でした。

残りの1割は贈与税や譲渡所得などの資産税でした。

完全に資産税のみでしたので、会社の顧問などは全く担当することがありませんでした。

開業前に一度転職しましたが、そこは一般的な税理士法人でしたので、会社の顧問や個人の確定申告をメインにしていました。

転職して顧問なども経験して確信しましたが、私は資産税が好きですし、資産税の方がやりがいも感じたので、独立後は相続税専門で行こうと決意しました。

そして、私が独立したのは平成26年1月です。

その時点では1社、顧問先が決まっていました。

私が独立する少し前に創業した会社で、知人からのご紹介でしたので、引き受けることにしました。

相続税専門とは決めていましたが、知人からの紹介ということもあり、断るのは申し訳ないという気持ちもありました。

そして、独立後にもまた顧問のご紹介を受けました。

決算期のタイミングで顧問税理士もいないとのことでしたので、引き受けて、顧問先が2社になりました。

当時は、他の税理士に紹介するという発想を持っておらず、依頼を受けたからには受けなければならないという考えをしていました。

しかし、私は相続税専門です。

名刺も相続税専門になってますし、ホームページも相続税のことしか書いていません。

手を抜くというわけではないですが、顧問に対してやる気をあまり持っていない私が顧問を引き受けていくのは良くないのではないかと思い始めました。

もちろん、独立直後で収入はほとんどないですし、金銭面を考えたら、顧問を受け続けた方が収入が安定します。

しかし、正直、私が顧問を受けて他の税理士と何か差別化できるのか？と考えた時に何もありませんでした。

中途半端に受けるのは良くないと思い始めていた時に、顧問をメインにしている税理士と出会いました。

話をした内容は、顧問がメインで相続税は苦手なので、今後、相続税関係の仕事が来た時に、代わりに引き受けてほしいということでした。

私にとっては非常にありがたい話であると同時に、逆に私も顧問は他の税理士に紹介をすれば良いと気付きました。

苦手なものを引き受けていても、私自身ストレスになってしまいますし、そんな気持ちで仕事をするのは依頼者に対しても悪いことです。

3社目以降の顧問や確定申告の相談がある度に、他の税理士に紹介することにしました。

また、最初に受けた2社の顧問のうち、1社は開業から半年ほどで、他の税理士からもっと安い顧問料で受けられるという提案を受けたようでした。

そこの社長は、私が相続税専門ということも理解されていましたし、私も他の税理士が引き受けた方が良いだろうと思っていましたので、話し合いで顧問契約を解約することになりました。

残りの1社は年に1回、決算の時だけ申告を受けていたのですが、私が独立して3年目に入った3回目の決算の時に、そこの会社は消費税の課税事業者となりましたので、消費税の申告も必要になりました。

税理士であれば、何も難しいことはないと思いますし、私も前職時代（2カ所目の税理士法人）は普通に消費税の申告書も作成していました。

しかし、独立して2年間、全く消費税の申告書を作成する機会がありませんでした。

法人税の申告も年にその1社だけでしたので、このまま顧問を続けることに不安がありましたし、何かミスが発生してからでは遅いと思いましたので、素直にその旨を顧問先の社長に話をしました。

そこの社長も私が相続税専門であることを理解されていたので、他の税理士を紹介するということで、納得していただけました。

知り合いの税理士に引き継ぎをして、私の顧問先は0件になりました。

その後も、相続税の申告をした後や相続税還付に成功した後に、依頼者から会社の顧問や確定申告を任せたいというお話は何度もありました。

しかし、私が引き受けても、依頼者にご迷惑をおかけすることになってしまいます。

例えば医者であれば、外科、内科、耳鼻科などの専門分野が分かれています。

私はその話をして、税理士でも得意不得意があって、私は相続税が得意だけど、他の税金は苦手である点と、顧問先もゼロであると説明します。

私の周りにはありがたいことに、顧問や確定申告で協力してくれる税理士仲間がたくさんいます。

無理をして苦手な仕事を引き受けなくても、それを得意としている税理士が助けてくれます。

価値観は人それぞれですので、中には「税理士としてどうなんだ」というお考えの方もいるとは思いますが、私は仲間の税理士と連携して、より良いサービスを依頼者に提供していきたいと思っています。

著者紹介

佐藤和基《さとうかずき》

税理士・相続財産再鑑定士
佐藤和基税理士事務所（代表）
一般社団法人相続財産再鑑定協会（代表理事）

1984年　埼玉県八潮市出身
2007年　税理士法人レガシィに入社（3年半勤務）
2009年　税理士試験合格
2010年　税理士法人ワイズコンサルティングに入社（3年半勤務）
2014年　佐藤和基税理士事務所開業（代表）
2015年　一般社団法人相続財産再鑑定協会設立（代表理事）
2017年　相続財産再鑑定株式会社設立（代表取締役）

２００７年1月に相続最大手の税理士法人レガシィに入社して相続税の業務に携わり、２０１０年に相続税以外の一般的な税務を学ぶため銀座にある税理士法人ワイズコンサルティングに転職。

２０１４年1月に独立開業した。

独立開業後は最も得意とする相続税の専門家として特に「相続税還付」に力を入れている。「相続税還付」は週に1件ほどのペースでご依頼を頂いているが、「相続税還付」を更に世の中に広げていくため、２０１５年1月には一般社団法人相続財産再鑑定協会を設立した。

佐藤和基税理士事務所

相続財産再鑑定株式会社

〒171-0014

豊島区池袋2-51-15第3ハルタビル502号室

TEL：03-6914-2640　FAX：03-6914-2641

URL：http://satoutax.com/　E-mail：taxhaven0823@gmail.com

一般社団法人相続財産再鑑定協会

URL：http://www.saikantei.info/

2018年２月20日　第１刷発行

税理士の失敗事例から学ぶ
相続土地評価のポイント

© 著　者　佐藤　和基
発行者　脇坂　康弘

〒113-0033 東京都文京区本郷 3-38-1
発行所　株式会社 同友館
TEL.03（3813）3966
FAX.03（3818）2774
URL　http://www.doyukan.co.jp/

乱丁・落丁はお取り替え致します。　三美印刷／松村製本所
ISBN 978-4-496-05337-5　Printed in Japan